우리 교회를 위한
아름다운 삶 시리즈

52주 구역 공과

전도하는 믿음생활

3

예수사랑

아름다운 삶 시리즈 교재의 특징

1. 성경을 관통하는 핵심 주제
성경 말씀에 나타나는 다양한 주제들을 정리하여 심도 있게 설명한다.

2. 본문 중심의 깊이 있는 말씀
짧지만 본문을 기본으로 깊이 있는 말씀을 조리 있게 해설한다.

3. 탄탄한 교리에 바탕을 둔 해설
성경의 다양한 교리들을 정리하여 우리에게 꼭 필요한 핵심들을 전달한다.

4. 1년을 위한 구역 공부
매월에 맞춰 편성함으로써 교회에서 1년간 사용할 수 있도록 했다.

5. 모두가 인도할 수 있는 쉬운 설명
어느 누구나 인도자가 되어 구역 공부를 인도할 수 있도록 일상적인 용어를 사용한다.

6. 성경이 증거로 따르는 교재
각 과의 부분마다 성경 본문을 제시하여 함께 읽으며 그 증거를 찾아볼 수 있게 한다.

7. 삶과 밀접한 적용
다양한 적용들을 제시함으로써 성도들이 함께 생각하고 적용할 수 있도록 한다.

사용방법

1. 제시된 성경 구절을 찾아 읽는다.

2. 함께 찬양을 한 후 기도를 한다.

3. 인도자가 '마음 열기'를 읽고 지정된 담당자가 각 부분과 해당 성경 구절을 읽는다.

4. 느낀 점이 있는지 서로 간략하게 나눈다.

5. 인도자는 '생각 나누기'를 하나씩 질문하여 교훈과 실천해야 할 사항을 나누게 한다.

6. 인도자는 마지막으로 내용을 정리한 후 함께 기도하고 대표 기도로 마친다.

Contents

I. 전도하는 구역

chapter 1	전도는 말씀의 전파	· 8
chapter 2	전도는 영혼구원	· 12
chapter 3	전도는 성도의 사명	· 16
chapter 4	전도는 주님의 지상명령	· 20
chapter 5	전도와 세계구원	· 24
chapter 6	전도와 로마제국	· 28

II. 기도하는 구역

chapter 7	기도는 성도의 기본생활	· 34
chapter 8	기도는 심령의 부흥	· 38
chapter 9	기도는 전도의 시작	· 42
chapter 10	기도는 구역 부흥의 원동력	· 46
chapter 11	기도는 교회 부흥의 저력	· 50
chapter 12	기도는 영적생활의 시작	· 54

III. 성령이 충만한 구역

chapter 13	성령이 인도하는 구역	· 60
chapter 14	성령은 보혜사	· 64
chapter 15	성령은 하나님의 능력	· 68
chapter 16	성령과 은사	· 72
chapter 17	성령의 능력과 전도	· 76
chapter 18	성령충만과 교회 부흥	· 80

IV. 말씀이 충만한 구역

chapter 19 말씀은 신앙의 기본 · 86

chapter 20 말씀은 전도의 능력 · 90

chapter 21 말씀은 영생의 복 · 94

chapter 22 말씀은 행복의 시작 · 98

chapter 23 말씀은 지식의 근원 · 102

chapter 24 말씀은 교회 부흥의 저력 · 106

V. 봉사하는 구역

chapter 25 봉사는 섬기는 일 · 112

chapter 26 봉사는 십자가의 길 · 116

chapter 27 봉사와 이웃전도 · 120

chapter 28 봉사와 지역사회 · 124

chapter 29 봉사와 인류애 · 128

chapter 30 봉사와 구역 부흥 · 132

VI. 교제하는 구역

chapter 31 교제와 신앙 · 138

chapter 32 교제와 예수님 · 142

chapter 33 교제와 사도들 · 146

chapter 34 교제와 인간관계 · 150

chapter 35 교제와 사랑 · 154

chapter 36 교제와 구역 부흥 · 158

VII. 생활하는 구역

- chapter 37 생활과 신앙 · 164
- chapter 38 생활의 열매 · 168
- chapter 39 생활의 성화 · 172
- chapter 40 생활의 진실 · 176
- chapter 41 생활과 전도 · 180
- chapter 42 생활과 구역 부흥 · 184

VIII. 사랑하는 구역

- chapter 43 사랑과 성도 · 190
- chapter 44 사랑과 이웃 · 194
- chapter 45 사랑과 불신자 · 198
- chapter 46 사랑의 의미 · 202
- chapter 47 사랑과 전도 · 206
- chapter 48 사랑과 구역 부흥 · 210

IX. 절기

- chapter 49 고난주간과 부활절 · 216
- chapter 50 맥추절 · 220
- chapter 51 추수감사절 · 224
- chapter 52 성탄절 · 228

I
전도하는 구역

chapter 1   전도는 말씀의 전파
chapter 2   전도는 영혼구원
chapter 3   전도는 성도의 사명
chapter 4   전도는 주님의 지상명령
chapter 5   전도와 세계구원
chapter 6   전도와 로마제국

chapter 1
전도는 말씀의 전파

성 경 / 마 3:1-3(p.3)
찬 송 / 197(통178), 250(통182)

마음 열기

19세기 미국의 부흥 전도자 무디 목사님은 수십만 명을 주님께로 인도한 목사님으로 유명합니다. 목사님은 하루에 한 사람에게 반드시 복음을 전해야겠다고 결심했습니다. 그런데 어느 날 아무에게도 전도하지 못한 날이 있었습니다. 그날 밤 목사님은 죄책감에 잠을 자지 못하고 다시 일어나 거리로 나갔습니다. 무작정 거리를 헤매다가 한 술주정꾼을 만났습니다. 목사님은 다가가 "예수님을 아십니까?"라고 물었습니다. 그러자 갑자기 그는 벌컥 화를 내며 목사님을 밀어내었습니다. 목사님은 급히 집으로 돌아갈 수밖에 없었습니다.
그 후 3개월이 지난 어느 날 목사님은 문 두드리는 소리를 들었습니다. 나가보니 예전의 그 술주정꾼이었습니다. 그는 고백하기를 그날 밤 크게 화를 내었지만 그 뒤로 목사님 말이 귓가에서 떠나지 않았다고 합니다. 그래서 결국 예수님을 믿기로 했다고 고백했습니다. 복음의 씨가 거칠게 뿌려졌지만 성령께서 그 심령을 내내 붙들어 결국 싹이 나게 하셨던 것입니다.

하나님은 말씀을 통해서 천지를 창조하셨습니다. 말씀은 원어로 '데바림'입니다. 이는 움직이고 진행하는 말씀의 의미 또한 가지고 있습니다. 하나님의 말씀은 지금도 온 우주와 지구를 다스리고 있습니다.

하나님께서 지상에 두고 있는 당신의 뜻은 오직 자나깨나 영혼 구원입니다. 그러므로 우리는 전도하여 구역을 부흥시켜야 합니다. 이것이 성도의 사명이며 나아갈 길입니다.

1. 전도하는 구역으로 만들어야 합니다.

본문에 나오는 세례 요한은 대제사장의 아들이었지만, 하나님의 말씀에 사로잡혀 광야로 나아가 말씀을 외치기 시작했습니다. 이스라엘에서 제사장은 제일의 계급이자 미래가 보장된 직분이었지만 세례 요한은 이런 자리를 박차고 나와서 전도하기 시작했습니다.

요한의 외치는 전도는 특별한 의미가 있었습니다. 바로 자신 뒤에 그리스도가 곧 오신다는 놀라운 외침이었습니다. "회개하라 천국이 가까웠느니라!"라는 말씀대로 예수님이 등장하셨습니다. 세례 요한과 우리의 다른 점은 우리는 이미 오신 예수님을 전도한다는 사실입니다.

말씀 읽기 사 40:3

2. 힘 있는 구역을 만들어야 합니다.

세례 요한과 같이 우리도 힘 있고 과감하게 말씀을 외쳐야 합니다. 당시 사람들은 이 외침에 귀를 기울였고, 그의 뒤에 오시는 예수님을 믿게 되었습니다. 구역원 모두는 요한의 정신과 믿음을 가져야 합니다. 이것이 우리의 사명입니다. 하나님 나라의 확장은 교회를 통해서 이뤄지고 교회의 부흥은 구역을 통해서 이루어집니다. 요한은 후에 순교했지만 그는 순교하기까지 자기의 사명을 완수하고 하나님의 품 안에 안겼습니다. 본문 3절에 그가 가진 열정적인 모습이 기록되어 있습니다. "외치는 자의 소리"는 우리에게도 큰 힘을 주고 있습니다. 비록 우리가 요한과 같은 사명자가 아니라고 해도 끊임없이 전도해야 합니다.

말씀 읽기 〉 마 4:19

3. 결사적으로 전도를 해야 합니다.

세례 요한은 오실 예수님이 누구인지를 몰랐지만, 예수님을 너무 사랑했습니다. 예수님을 맞이하려면 철저히 회개함으로써 오시는 그 길을 닦아야 합니다. 이런 과정에서 세례 요한의 제자들 상당수가 예수님의 제자가 되었습니다.

우리 구역원은 우리 동네의 세례 요한이 되어서 뭇사람들이 예수님을 영접할 수 있도록 전도로 영적인 길을 닦아야 합니다. 인생의 목적은 지상이 아닌 천국에 있습니다.

말씀 읽기 요 3:16

생각 나누기

01 우리가 전도해야 하는 이유는 무엇입니까?

02 전도함에 있어서 세례 요한과 우리의 차이점은 무엇입니까?

03 우리가 결사적으로 전도를 할 수 있는 이유는 무엇입니까?

chapter 2
전도는 영혼구원

성 경 / 마 9:35-38(p.14)

찬 송 / 93(통93), 425(통217)

마음 열기

인도에서 한 선교사님이 어느 크리스천 여인과 이야기하고 있었습니다. 그런데 한 사람이 다리를 절며 다가와 손을 내밀었습니다. 선교사는 동전과 함께 그들의 언어로 된 전도지를 전달했습니다. 그러자 여인은 말했습니다. '전도지를 낭비하지 마세요. 저 사람은 크리스천이 될 수 없어요."

며칠이 지난 어느 날 불가능해 보였던 그가 선교사님 집 앞에 서 있는 것이 아닙니까! 그는 선교사님이 사는 곳을 찾아 12킬로미터나 걸어온 것입니다. 그는 더는 돈을 요구하지 않고 다른 전도지를 원했고, 집 문 앞에 앉아 몇 시간을 공부했습니다. 그리고 성경책을 빌려 읽었습니다. 한 달간의 교육 끝에 세례까지 받았습니다. 전도에 합당한 사람은 없습니다. 하나님은 우리가 알 수 없는 놀라운 장소와 상황 가운데 계셔서 우리의 입술을 통해 전하게 하시고 열매를 맺게 하십니다.

예수님은 두세 사람씩 짝을 지어 보내며 전도하게 하셨습니다. 결과는 성공적이었습니다. 우리는 여기에서 구역의 시작을 찾을 수 있습니다. 예수님은 전도대를 보내실 때 모든 동네에 가서 복음을 전파하도록 말씀하셨습니다.

김치선 목사님은 "이만팔천여 동네에 가서 우물을 파라!"고 가르치셨습니다. 그분의 가르침대로 장로교, 감리교, 성결교, 오순절 교단 목사님들은 삼천리 방방곡곡을 다니며 기독교회를 세웠습니다.

1. 전도는 자발적으로 해야 합니다.

"예수께서 모든 성과 촌에 두루 다니사 저희 회당에서 가르치시며 천국 복음을 전파하시며…" 라고 35절에 기록되어 있습니다. 성과 촌이라는 말은 우리가 살고 있는 동네를 의미합니다. 우리에게는 하나님 나라인 천국의 기쁜 소식을 만나는 이에게 마다 전파해야 하는 사명이 있습니다. 전도는 자발적으로 할 수 있도록 기도해야 합니다. 이를 위해 성도는 성령의 도우심을 받아야 합니다. 왜냐하면 전도는 영적인 일이기 때문입니다. 성령의 인도하심을 받은 성도는 생명의 원천이 되신 예수님의 이름을 자발적으로 전도해야 합니다.

말씀 읽기 눅 4:44

2. 전도는 사람을 고치는 일입니다.

예수님은 전도하시면서 많은 사람의 심령과 병을 고치셨습니다. 복음에는 사람의 심령을 새롭게 하고 육신의 병을 고치는 권능이 있습니다. 복음은 하나님의 말씀이기 때문입니다. 이 복음의 능력은 오늘날에도 재현되고 있습니다. 하나님의 말씀은 살아서 운동력이 있어 얼마든지 뭇 사람들의 심령을 살립니다. 아직도 복음이 무엇인지를 들어보지 못한 이웃들이 너무 많이 있습니다. 우리는 복음 전파에 최선을 다해야 합니다. 본문은 "무리를 보시고 민망히 여기시니 이는 저희가 목자 없는 양과 같이 고생하며 유리함이라"(36절)고 기록합니다. 우리는 전도를 통해 사람의 심령과 육신의 병을 고치는 일을 해야 합니다. 이렇게 할 때 우리 구역은 크게 부흥하게 될 것입니다.

말씀 읽기 ▶ 막 16:17-18

3. 전도를 위해 열심히 기도해야 합니다.

전도는 거저 되는 게 아닙니다. 영적인 전쟁인 만큼 간절한 기도가 필요합니다. 예수님은 말씀하셨습니다. "제자들에게 이르시되 추수할 것은 많되 일군은 적으니 그러므로 추수하는 주인에게 청하여 추수할 일군들을 보내어 주소서 하라"(38절). 추수는 곧 전도를 상징합니다. 이 전도의 영적인 주체는 바로 하나님이십니다. 그러하기에 예수님이 제자들에게 하나님께 기도하라고 가르치셨던 것입니다. 성도는 전도의 대상자를 위해서 전도 그 자체를 위해 하나님께 기도해야 합니다. 기도를 동반한 전도는 영적인 전쟁에서 승리를 가져옵니다.

말씀 읽기 눅 4:14

생각 나누기

01 우리가 자발적으로 전도해야 하는 이유는 무엇입니까?

02 오늘도 하나님의 말씀이 살아 있다는 사실을 어떻게 경험할 수 있습니까?

03 전도를 위해 우리가 해야 할 일은 무엇입니까?

chapter 3
전도는 성도의 사명

성 경 / 마 10:16-23(p.15)
찬 송 / 250(통182), 323(통355)

> **마음 열기**

에콰도르 쿠라리 강에 시체 다섯 구가 떠올랐습니다. 짐 엘리엇을 비롯한 미국 선교사 다섯 명이 그곳 주민에게 죽임을 당하고 강에 버려졌던 것입니다.

순교 소식이 전해지자 신문들은 한결같이 "헛되고, 헛되고, 헛되도다"라고 보도했습니다. 그러나 이 죽음은 헛되지 않았습니다.

이번에는 그 선교사 부인들이 복음을 들고 찾아간 것입니다. 아쿠아 족은 충격을 받았습니다. 그들이 전하는 예수가 누구이기에 이렇게 목숨까지 내놓는지 궁금해지기 시작했습니다. 그들은 이렇게 하나씩 복음을 받아들이다가 마침내 부족 전체가 복음을 받아들이게 되었습니다. 다섯 선교사가 품었던 꿈이 드디어 이루어지게 된 것입니다. 주님은 이렇듯 전도자들의 헌신을 반드시 열매 맺게 하십니다.

예수님이 공생애를 시작하시자마자 열두 제자를 선택하신 것은 아니었습니다. 최소한 몇 개월 지난 후 택하셨습니다. 예수님은 마태복음 10장에 와서야 비로소 영광스러운 열두 제자들을 임명하셨습니다. 마태복음 10장 정도면 공생에 초반기가 거의 끝나갈 무렵입니다.

예수님은 제자들을 결정하시자마자 곧바로 전도의 현장으로 보내셨습니다. 제자들은 예수님께 가르침만을 받고자 했지만, 예수님은 오히려 제자들을 쫓아내다시피 하면서까지 전도 현장으로 몰아가셨습니다. 전도가 제자들이 생각하는 가르침보다 중요하기 때문입니다.

1. 전도의 현장으로 나가야 합니다.

성도는 성도들끼리 뭉쳐 있으면 안 됩니다. 누가 시키지 않아도 전도의 현장으로 뛰어나가야 합니다. 큰 은혜를 받은 후에만 전도하려고 하면 안 됩니다. 작더라도 받은 은혜가 있다면 그걸 나누기 위해서 곧바로 전도해야 합니다.

전도하는 구역만이 부흥될 수 있습니다. 하나님은 모든 구역원을 전도 요원으로 세우셨습니다. 우리는 늘 전도에 힘을 써야 합니다.

말씀 읽기　마 10:1

2. 주님이 보호하십니다.

예수님은 제자들을 전도 현장으로 내보내실 때 상당한 염려를 하셨습니다. 예수님은 "보라 내가 너희를 보냄이 양을 이리 가운데 보냄과 같도다 그러므로 너희는 뱀같이 지혜롭고 비둘기같이 순결하라"고 말씀하셨습니다. 예수님은 제자들에게 상당한 용기를 주셨고, 성령의 보호하심을 깨우쳐 주셨습니다.

오늘날에도 전도의 현장에는 주님의 보호하심이 있습니다. "어떻게 또는 무엇을 말할까 염려치 말라 그때에 무슨 말할 것을 주시리니 말하는 이는 너희가 아니라 너희 속에서 말씀하시는 자 곧 너희 아버지의 성령이시니라"고 말씀합니다. 그렇습니다. 이 말씀대로 전도의 현장에는 주님이 함께하십니다. 우리가 전도에 열심을 낼 때 주님은 구역을 크게 부흥시켜 주십니다.

말씀 읽기 막 10:40

3. 전도는 급박한 일입니다.

세상에서 제일 급한 일은 전도입니다. 모든 일에는 '우선순위'가 있습니다. 순위를 정해 놓고 일한 사람은 반드시 성공합니다. 예수님은 우리에게 세상에서 가장 귀한 일의 우선순위를 말씀하셨습니다. "내가 진실로 너희에게 이르노니 이스라엘의 모든 동네를 다 다니지 못하여서 인자가 오리라"(23절). 이 말씀은 곧 예수님의 재림을 가리킵니다. 우리는 예수님의 재림이 있기 전 전도에 최선을 다해야 합니다. 세상에서 제일 고귀한 일은 복음전도를 통한 구령사역입니다. 그래서 우리는 전도를 귀하게 여기고 열심히 복음을 전해야 합니다.

말씀 읽기 눅 15:7

생각 나누기

01 성도들이 전도의 현장으로 나가야 할 이유는 무엇인가요?

02 우리가 담대히 전도할 수 있는 이유는 무엇인가요?

03 전도를 우선순위로 해야 할 이유는 무엇인가요?

chapter 4
전도는 주님의 지상명령

성 경 / 막 16:15-18(p.85).
찬 송 / 197(통178), 347(통382)

> **마음 열기**

100여 년 전 미국 선교사님들은 이 땅에 복음을 전파하기 위해서 제물포항에 상륙하였습니다. 선교사님들 대부분은 미국 동부 명문대학과 역사 있는 신학교를 마치고 온 분들로서 그들의 학력만을 본다면 중요 장관에 앉을 만한 분들이었습니다. 하지만 이분들은 주님의 복음을 위해 자신들의 지위와 명예 그리고 장래의 직책까지 버리고 주님을 위해 헌신하였던 것입니다. 선교사님들은 복음에 우호적이지 않았던 불모의 땅인 우리나라에 들어와 배고픔과 질병 그리고 멸시의 시련을 견디며 봉사와 복음 전도에 온 힘을 기울였습니다. 그 결과 복음이 뿌리를 내리고 모든 사람에게 영향을 끼쳐 복음이 기반이 되는 나라가 되었습니다. 복음을 전한 선교사님들의 희생이 바로 지금 우리가 당당히 예수님을 믿고 신앙생활을 할 수 있는 기반이 되었습니다.

1. 전도는 예수님의 절대적인 명령입니다.

예수님은 승천 직전에 제자들에게 전도할 것을 명령하셨습니다. 예수님은 일반적으로 명령문에 주어를 넣지 않는데, 이곳에서는 특별히 '너희'라는 주어를 삽입하셨습니다. 이것은 전도의 중요성을 강조하기 위한 것으로, 그만큼 예수님의 명령이 우리에게 시급하고 반드시 실천해야 할 일임을 알게 합니다. 우리 구역 역시 예수님의 명령에 민감하게 반응해야 합니다.

말씀 읽기 ▶ 요일 1:2

2. 복음 전도는 구역원의 의무입니다.

당시 전도 명령의 대상자는 예수님의 직계 제자들이었지만, 이 명령은 당시뿐 아니라 지금 모든 그리스도인에게 해당됩니다. 그리고 그리스도인으로 포함된 구역원에게도 해당됩니다. 전도는 의무입니다. 예수님의 명령은 누구에게나 다 해당됩니다. 주님의 제자들은 그 명령을 수행하여 유대와 사마리아 그리고 갈릴리 등 지역을 다니며 전도에 힘을 썼습니다. 우리 구역 역시 주님의 명령에 따라 전도에 최선을 다해야 합니다. 전도는 목사님, 전도사님, 장로님, 그리고 권사님만의 일이 아닙니다. 우리 모든 구역원의 일이기도 합니다.

말씀 읽기 ▶ 행 2:47

3. 전도자에게는 생명의 권세가 있습니다.

예수님은 16절에 "믿고 세례를 받는 사람은 구원을 얻을 것이요 믿지 않는 사람은 정죄를 받으리라"고 말씀하셨습니다.

우리 구역원을 통한 전도는 곧 생명의 반포입니다. 따라서 전도자에게 생명의 권세가 있다고 말할 수 있습니다. 구역원들은 감동과 열정으로 전도에 임해야 합니다. 우리 앞에는 구원을 사모하는 뭇 영혼들이 기다리고 있습니다. 이사야 선지자는 "일어나 빛을 발하라!"고 말하였습니다.

말씀 읽기 ▶ 마 3:2

생각 나누기

01 예수님은 우리가 감당해야 할 전도를 어떻게 생각하고 계셨습니까?

02 복음 전도가 우리에게 의무인 이유는 무엇입니까?

03 전도자에게 생명의 권세가 있다는 생각은 우리에게 어떤 마음 가짐을 갖게 합니까?

chapter 5
전도와 세계구원

성 경 / 행 13:1-3(p.209)

찬 송 / 432(통462), 499(통272)

마음 열기

언더우드 목사님이 월남 이상재 선생을 전도하였습니다. 목사님은 감옥에 있던 이상재 선생에게 한문으로 기록된 산상수훈 몇 구절을 전해 읽게 하였습니다. 출소 후 이상재 선생은 언더우드 목사님을 찾아가 그 내용을 물었고, 목사님은 자세히 설명해 주었습니다. 이상재 선생은 곧 예수님을 믿게 되었고, 언더우드 목사님의 추천으로 황성(서울) YMCA의 총무로 활동하면서 복음 전파에 앞장섰습니다.

복음은 우리의 관점을 바꾸고 우리의 행동을 변화시킵니다. 우리 주변에 복음을 기다리는 수많은 영혼이 있습니다. 지금 나가서 전해야 합니다.

우리가 복음을 힘있게 전할 수 있는 이유가 어디에 있을까요? 우리는 이 땅에서 홀로 애쓰고 있는 것이 아닙니다. 우리에게는 예수님이 승천하신 후 우리에게 오신 성령님이 계십니다. 성령님은 우리로 능히 전도의 사역을 감당할 수 있도록 도우십니다.

1. 전도는 성령의 사역입니다.

사도들과 성도들은 사도행전 2장을 기점으로 해서 유대 국내와 이방 세계인 외국으로 왕성하게 복음을 전파해 나갔습니다. 안디옥은 소아시아 남동부에 위치한 고대의 대도시였습니다. 당시 안디옥은 로마 다음으로 큰 도시였습니다. 성령의 인도하심으로 이곳에 큰 교회가 세워지게 되었습니다. 초대교회 당시에 이방인을 향한 복음 전도는 꿈도 꿀 수 없는 일이었습니다. 그러나 성령은 안디옥에 교회를 세우게 하였습니다.

| 말씀 읽기 | 행 8:15 |

2. 성령의 사역은 사람을 통해서 나타납니다.

안디옥 교회에는 쟁쟁한 초대교회 인물들이 있었습니다. 그들은 바나바와 구레네 시몬과 사울(바울)입니다. 당시 사울은 아라비아에서 3년간의 기도를 마치고 예루살렘을 거쳐 자기 고향인 다소에 와 있었는데 안디옥 교회의 목회자였던 바나바의 추천으로 그와 같이 안디옥에서 목회를 하게 되었습니다. 성령의 사역은 사울, 바나바 등을 통해서 나타났습니다.

말씀 읽기 ▶ 행 11:25-26

3. 성령은 전도를 요구합니다.

바울(사울)과 바나바는 늘 같이 전도하려고 했지만 성령은 그들의 뜻과 달리 이들을 따로 세우도록 하셨습니다. "금식할 때에... 성령이 가라사대... 바나바와 사울을 따로 세우라." 이렇게 바울과 바나바는 서로 다른 사역의 길을 걸어가게 되었습니다. 각기 다른 길을 간 이들은 효과적으로 전도를 할 수 있었습니다.

구역도 마찬가지입니다. 아는 구역원들끼리 똘똘 뭉쳐만 있다면 더는 전진할 수 없습니다. 구역을 나눠 새로운 전도 임무를 나누어야 합니다. 그럴 때 구역은 더욱 성장하게 될 것입니다.

말씀 읽기 ▶ 행 12:24

생각 나누기

01 성령을 힘입어 전도해야 하는 이유는 무엇입니까?

02 성령의 사역은 구체적으로 무엇을 통해 나타나게 됩니까?

03 성령이 우리에게 요청하는 것은 무엇입니까?

chapter 6
전도와 로마제국

성 경 / 행 28:30-31(p.238)
찬 송 / 442(통499), 453(통506)

마음 열기

탐험가이자 선교사로 알려진 데이비드 리빙스턴은 말년에 사망했다는 소문이 나돌았습니다. 이 소문을 확인하고자 헨리 스탠리라는 기자가 아프리카로 떠나게 되었습니다. 그는 수개월을 헤맨 끝에 탕가니카호 근처 우지지에서 리빙스턴을 만날 수 있었습니다. 그는 그와 함께 4개월을 지냈습니다. 후에 그는 함께 했던 그 시간에 대해 이렇게 고백했습니다.

"저는 그와 한 오두막에서 지냈습니다. 저는 신앙심이 없었고, 기독교에 대해 비뚤어진 편견을 가지고 있었습니다. 하지만 몇 개월 동안 그와 함께 지내는 동안 제 자신이 그에게 빨려 들어가고 있는 것을 느꼈습니다. 그의 경건과 뜨거운 열정, 정직과 아무도 알아 주지 않아도 묵묵히 자기 일을 해 나가는 것을 보고, 저는 그가 저를 전도하려 하지 않았지만 조금씩 조금씩 회심하고 있다는 것을 알았습니다."

전도는 어떠한 구호나, 설득력 있는 말로 가능한 것은 아닙니다. 우리가 살아가는 모습이 전도의 강력한 무기가 됩니다. 리빙스턴에 감화받은 헨리 스탠리는 리빙스턴의 뒤를 이어 아프리카 선교사로 일하며, 많은 사람에게 선교의 자극제가 되었습니다.

예수님은 승천하시면서 500여 신도와 제자들에게 복음을 세계에 전하도록 부탁하셨습니다. 구약 시대의 유대인들은 오직 유대인만이 구원을 받는다는 좁은 의미의 구원관을 가지고 있었습니다. 따라서 유대인이 이방인들과 식사를 하거나 교제를 하면 출교 조치를 당했습니다. 출교 조치는 유대인의 호적에서 삭제당하는 무서운 사회적인 고통이었습니다. 사도 바울은 예수님의 명령을 지키기 위해서 온 로마 세계에 다니며 복음을 전하다가 유대교 지도자들의 고소로 예루살렘에서 체포를 당했습니다. 그는 로마로 재판을 받기 위해서 압송당하는 여행을 하게 되었는데 이것을 바울의 제4차 전도여행이라고 합니다.

1. 바울은 유대인 전도에 최선을 다했습니다.

하지만 유대인들은 그와 같은 복음을 거부했습니다. 바울은 이방 세계에 다니며 예수님의 복음을 전하다가 수십 년 만에 조국 예루살렘에 입성하여 예수님의 복음을 전하다가 체포당했습니다. 그러는 중에도 바울은 동족에게 복음을 전했습니다. 유대주의에 사로잡힌 그들은 예수님을 영접하기는커녕 바울을 로마인에게 제국 보안법을 걸어 고소하였습니다.

우리 역시 복음을 전하는 중 핍박을 받을 수도 있지만 주저하지 말고 전도에 최선을 다해야 할 것입니다.

말씀 읽기 ▶ 행 28:24

2. 전도에 담대해야 합니다.

바울은 악명 높은 네로 황제에게 상소하여 재판을 받게 되었습니다. 1심에서는 바울이 승소했습니다. 그러나 유대교 지도자들은 끈덕지게 상소하여 네로 황제에게 2심을 청구하였습니다. 그들은 원로원과 네로에게 뇌물을 제공하여 바울을 처형시키도록 요청하였습니다. 당시 정치 상황은 바울에게 아주 불리했습니다. 로마의 대화재, 베드로의 순교 사건 등이 바울에게 악재가 되었습니다. 로마의 대화재는 네로가 일으킨 무서운 음모였습니다. 바울의 재판 2심의 심리 기간은 대략 2년 정도였습니다. 네로 황제는 그 재판 기간 동안 바울에게 로마에서만 활동할 수 있는 주거 제한의 자유를 주었습니다. 누가는 다음과 같이 기록합니다.

"바울이 온 이태를 자기 셋집에 유하며 자기에게 오는 사람을 다 영접하고 담대히 하나님 나라를 전파하며."

이것은 바울의 담대한 전도였습니다.

말씀 읽기 ▶ 행 27:24

3. 바울의 전도를 본받아야 합니다.

사도 바울은 이런 상황에서도 담대히 하나님 나라를 전파했습니다.
"주 예수 그리스도께 관한 것을 가르치되 금하는 사람이 없었더라"
아무도 바울을 막지 못했습니다. 바울은 결국 재판에 지고 사형 언도를 받았습니다. 그는 로마 시민권자이기에 십자가형이 아닌 참수형을 받게 되었습니다. 시민권자에게는 죽음의 고통을 줄이기 위해 순간적인 죽음인 참수형을 내렸습니다. 이것은 네로 황제의 관용이었습니다.

그럼에도 사도 바울의 전도를 통해 로마제국의 복음화가 이루어지게 되었습니다. 전 세계에 복음이 퍼지게 되었습니다. 한 사람의 순교적인 전도로 전 세계의 복음화가 이루어지게 된 것입니다. 한 사람의 전도가 그만큼 중요합니다.

말씀 읽기 ▶ 행 26:29

생각 나누기

01 바울이 어떠한 상황 가운데서도 잊지 않은 것은 무엇입니까?

02 우리가 전도에 담대할 수 있는 이유는 무엇입니까?

03 죽음의 위기 앞에서도 담대했던 사도 바울로 인해 일어난 위대한 역사는 무엇입니까?

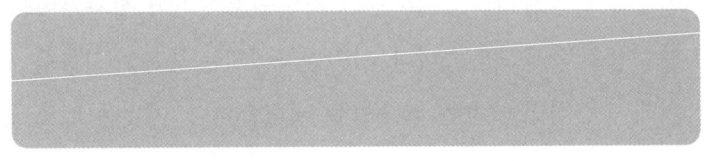

II

기도하는 구역

chapter 7   기도는 성도의 기본생활

chapter 8   기도는 심령의 부흥

chapter 9   기도는 전도의 시작

chapter 10   기도는 구역 부흥의 원동력

chapter 11   기도는 교회 부흥의 저력

chapter 12   기도는 영적생활의 시작

chapter 7
기도는 성도의 기본생활

성 경 / 마 4:1-2(p.4)
찬 송 / 220(통278), 405(통458)

마음 열기

2차 대전이 끝난 지 얼마 되지 않았을 때 한 여성이 식료품 가게에 와서 성탄절 만찬에 아이들이 먹을 수 있도록 식료품을 달라고 요청했습니다. 돈이 얼마나 있냐는 물음에 그녀는 남편이 전쟁에서 죽어서 기도 밖에는 드릴 것이 없다고 대답했습니다. 그러자 그는 당신의 기도를 종이에 써 주면, 그 무게만큼 식료품을 주겠노라고 말하였습니다. 그녀가 간밤에 적어 놓은 기도 쪽지를 내밀자 그는 저울추에 기도 쪽지를 올려 놓았습니다. 그런데 놀랍게도 빵 한 덩어리를 놓았는데도 저울이 움직이지 않았습니다. 놀란 주인은 다른 식료품도 올려 놓았습니다. 그러나 저울은 움직이지 않았습니다. 그는 봉지에 담아 가라고 퉁명스럽게 말하였습니다. 그녀는 눈물을 흘리고 감사하며 돌아갔습니다. 얼마 후 주인은 저울이 고장났다는 사실을 알게 되었습니다. 그리고 그녀가 적은 기도문을 펼쳐 보았는데 거기에는 "주여 오늘날 우리에게 일용할 양식을 주시옵소서"가 쓰여 있었습니다. 하나님께서는 우리의 기도를 들으십니다.

영국의 캔터베리 대주교는 "기도는 영적인 노동이다."라고 말했습니다.

그렇습니다. 기도는 힘이 드는 영적인 성도의 기본 생활입니다. 우리는 기도로 시작하고 기도로 모든 일을 마칩니다. 우리는 구역을 부흥시키기 위해서 먼저 기도하고 전도에 나서야 합니다. 예수님은 우리에게 기도의 모범을 보여 주셨습니다. 기도 없이는 주의 일을 할 수 없기 때문입니다.

1. 기도의 바람을 일으키는 구역을 만들어야 합니다.

예수님은 공생애를 시작하시기 전에 40일 금식기도를 하셨습니다. 예수님이 금식하신 장소는 메마르고 황량한 유대 광야의 계곡이었습니다. 여기에서 사탄의 시험을 받으셨고 말할 수 없는 육신의 고통을 겪으셨습니다. 유대의 평균 기온은 30도를 오르며, 강우량이 한국의 1/10밖에 되지 않습니다. 금식기도하기에 무척 힘든 환경입니다. 그럼에도 예수님은 기도로 준비하며 우리에게 본이 되셨습니다.

구역의 일은 주님의 일인만큼 구역 성도들은 기도로 준비하는 습관을 가져야 합니다.

말씀 읽기 마 6:8

2. 기도 활동을 강화해야 합니다.

예수님은 하나님의 독생자요, 제2위 성자 하나님이시지만 늘 기도에 힘쓰셨습니다. 영적인 사역은 항상 사탄의 방해가 따르기 때문입니다. 구역 활동 역시 기도가 중심이 되어야 합니다.
하나님 나라의 일은 구역을 중심으로 전개된다는 것을 구역원들은 알아야 합니다. 하나님 나라의 구원의 사역이 우리 손에 있다는 것에 감사하며 기도로 무장해야 합니다.

말씀 읽기 ▶ 막 4:14

3. 기도하는 구역은 반드시 부흥합니다.

기도로 무장했다는 것은 구역의 일에 만반의 준비를 했다는 것을 의미합니다. 그러므로 기도하는 구역은 크게 부흥할 수밖에 없습니다. 예수님도 40일의 금식기도를 마치신 후 역사적인 공생애를 시작하셨습니다. 기도보다 중요한 영적인 생활은 없습니다. 우리는 예수님을 본받는 성도로서 기도를 통해 하나님과 가까이해야 합니다. 구역예배 시 구역원들은 돌아가면서 서로의 가정을 위해 하나님께 간절히 기도하여 모든 가정에 하나님의 복이 임하도록 해야 합니다. 또한 새 식구가 구역에 들어올 수 있도록 기도해야 합니다.

말씀 읽기 ▶ 마 4:17

> **생각 나누기**

01 예수님이 금식기도를 하기 힘든 환경임에도 불구하고 금식기도를 하신 이유는 무엇입니까?

02 우리는 왜 기도 활동을 강화해야 합니까?

03 기도를 통해 나타난 변화는 무엇입니까?

chapter 8
기도는 심령의 부흥

성 경 / 눅 2:37(p.90)
찬 송 / 425(통217), 373(통503)

> 마음 열기

고아의 아버지로 헌신하고 있던 조지 뮬러 목사님은 애쉴리 타운에 고아원을 세워 당시 방황하는 수많은 아이들을 거둬 돌보고 있었습니다. 그런데 어느 추운 겨울날 보일러가 갑자기 고장이 났습니다. 보일러를 고치려면 적어도 일주일이 걸려야 했습니다. 고아원에 비상이 걸렸습니다. 사람들은 목사님에게 뛰어와 보고하였습니다.
"목사님, 큰일났습니다. 보일러가 고장나 아이들이 모두 얼어 죽게 되었습니다."
그러나 뮬러 목사님은 아무 말도 하지 않고 일어나 교회를 향해 걸어가 밤을 새워 가며 하나님께 부르짖어 간구했습니다.
"날씨를 주장하시는 하나님 아버지, 하나님께서 맡겨 주신 어린 생명들이 지금 죽게 되었습니다. 이 어린 생명들의 아버지는 하나님이시고 저는 총무일 뿐입니다. 시간과 때를 주장하시는 아버지여, 일주일 동안은 봄 날씨로 변화시켜 주옵소서!"
조지 뮬러가 부르짖어 간구하는 동안, 갑자기 동풍이 불기 시작했습니

> 다. 이 변화된 날씨 덕에 영국은 따뜻한 온실이 되었습니다. 그리고 보일러를 수리한 후 정상적으로 가동할 수 있게 되자 다시 한 겨울의 세찬 바람이 쌩쌩 불어왔습니다.

우리는 매일 기도하는 것을 잊어서는 안 됩니다. 사무엘 선지자는 기도를 쉬는 죄를 범하지 않겠다고 말하였습니다. 발전소에서 전선을 타고 전기가 공급되듯이 하나님의 보좌에서 기도의 줄을 타고 영적인 힘이 공급되고 있습니다. 하나님의 독생자이신 예수님은 체포당하시기 직전까지 겟세마네 동산에서 기도로 십자가의 죽음을 예비하셨습니다.

1. 기도는 영적인 사람으로 만들어 줍니다.

현대 기독교인들은 기도하기를 주저합니다. 제자 성경공부만 하면 신앙이 완성되는 줄 아는 착각 속에 빠져 있습니다. 예수님의 제자들도 말씀을 많이 알았지만 겟세마네 동산에서 기도하기를 게을리 했기에 로마 군병이 예수님을 체포할 때 모두 시험에 들어 도망을 치고 말았습니다. 기도로 준비한 예수님만이 담대히 나아가 승리할 수 있었습니다. 예수님이 태어나실 즈음에 안나라는 여자 선지자가 있었습니다. 안나는 과부된 지 84년이었지만 기도로 고난의 세월을 이겨 내었습니다. 오늘날에도 하나님은 기도하는 성도를 찾고 계십니다.

말씀 읽기 눅 2:26

2. 기도는 성도를 신령하게 만듭니다.

유대인들은 수천 년 동안 그리스도를 기다려 왔습니다. 이들의 신앙은 오실 그리스도를 향해 있었습니다. 사람들은 세례 요한이 그리스도인가를 물어볼 정도로 오실 그리스도를 기다렸습니다. 아기 예수님이 할례를 받기 위해서 육신의 부모에 안겨 예루살렘성에 입성했을 때, 안나 선지자는 아기 예수님을 보고 그가 그리스도임을 증거하였습니다. 신령한 안나의 영적인 능력은 기도의 힘에서 나왔던 것입니다.

말씀 읽기 눅 8:55

3. 기도에는 영적인 훈련이 필요합니다.

성경은 "주야에 금식하여 기도함으로 섬기더니"라고 기록합니다. 이것은 평소에 안나가 철저한 기도의 훈련을 했다는 것을 의미합니다. 하나님의 영적인 일은 그냥 되는 것이 아닙니다. 우리도 구역의 부흥과 성장을 위해 구역원 모두가 주야로 기도하고, 때로는 금식기도도 해야 합니다. 영적인 훈련을 통해 구역이 부흥됩니다. 우리는 영적인 매너리즘에 빠져서는 안 됩니다.

말씀 읽기 막 2:20

생각 나누기

01 영적인 사람이 되기 위해 우리가 해야 할 일은 무엇입니까?

02 신령하고 영적인 안나의 힘은 어디서 왔다고 생각합니까?

03 우리는 기도 훈련을 어떻게 해야 할까요? 우리가 생각할 수 있는 기도 훈련은 무엇입니까?

chapter 9
기도는 전도의 시작

찬 송 / 28, 179, 364장
말 씀 / 사도행전 2장 14절(신 189쪽)

마음 열기

기독교 명화로 알려진 '기도하는 손'에 다음과 같은 일화가 있습니다. 한 마을에 두 사람이 살고 있었는데 둘은 나이는 달랐지만 서로 좋은 친구였습니다. 어느 날 이들은 도시로 나가 힘을 모아 그림 공부를 하자고 뜻을 모았습니다. 도시로 나간 이들은 생활과 공부를 위해 역할을 분담하기로 했습니다. 먼저 나이가 있던 친구가 자신이 일을 할테니 먼저 공부를 시작하라고 하였습니다. 먼저 공부를 시작한 그는 열심히 그림에 매진하였고 드디어 첫 그림을 팔게 되자 기쁜 마음으로 식당에서 일하는 친구에게 달려갔습니다. 그런데 그는 창밖에서 놀라운 장면을 목격하게 되었습니다. 콘크리트 바닥에 자신의 친구가 꿇어앉아 빗자루를 옆에 놓고 기도드리고 있는 것이 아닙니까!

"하나님, 저는 심한 일을 오래 했기 때문에 뼈가 굳어져서 이제는 그림을 공부해도 훌륭한 화가는 될 수 없습니다. 그 대신 제 친구는 더욱 유명한 화가가 될 수 있도록 도와주세요."

그는 창밖에서 기도를 들으며 눈물을 흘렸습니다. 그리고 곧 종이를 꺼내 기도하는 친구의 손을 그렸습니다. 자신을 위해 봉사한 그 거룩한 손, 비록 거칠지만 친구를 위하여 희생된 그 손을 그려 오늘날까지 남아 있게 된 것입니다.

1. 기도하는 구역으로 만들어야 합니다.

예수님이 붙잡히셨을 때 사도들은 비겁하게 배반하고 도주하였습니다. 물론 두려웠을 것입니다. 그러나 놀랍게도 사도들은 얼마 후 회복하여 다시 담대히 복음을 전하게 되었습니다. 그 힘이 어디에서 나왔을까요? 바로 기도입니다. 사도들은 기도하다 약속하신 성령을 받고 담대히 전도할 수 있었습니다. 기도하는 구역만이 부흥할 수 있습니다.

말씀 읽기 ▶ 행 2:1

2. 성령이 충만한 구역으로 만들어야 합니다.

성령 충만은 기도에서 시작됩니다. 예루살렘 교회의 사도들은 기도하다가 성령을 받았고, 그 능력으로 유대교 지도자들을 두려워하지 아니하고 전도에 열심을 냈습니다. 베드로는 다음과 같이 강하게 외쳤습니다.

"유대인들과 예루살렘에 사는 모든 사람들아! 이 일을 너희로 알게 할 것이니 내 말에 귀를 기울이라!"

베드로는 유대교 지도자나 로마 군병들을 전혀 두려워하지 않았습니다.

> 말씀 읽기 ▶ 행 2:37

3. 기도로 전도를 완수해야 합니다.

예루살렘 교회는 성령의 능력으로 교회를 부흥시켜 나갔습니다. 이런 전도의 능력은 바로 기도의 힘에서 나왔습니다. 한국교회가 그동안 부흥한 이유도 모두 기도와 전도의 저력이었습니다. 전도와 기도에는 상당한 함수 관계가 있습니다.

기도하는 성도만이 전도에 성공할 수 있습니다. 우리는 기도를 게을리 해서는 안 됩니다. 기도에는 반드시 하나님의 권능이 나타납니다. 우리는 기도하는 가운데 담대히 전도로 나아가야 합니다.

> 말씀 읽기 ▶ 행 9:22

> 생각 나누기 ▶

01 절망에 빠진 사도들은 어떻게 다시 담대히 복음 전도에 나설 수 있었을까요?

02   우리가 두려움 없이 전도에 나갈 수 있는 방법은 무엇입니까?

03   기도와 전도는 어떤 관계가 있다고 생각하십니까?

chapter 10
기도는 구역 부흥의 원동력

성 경 / 행 2:47(p.190)
찬 송 / 543(통342), 303(통403)

> **마음 열기**

해방 후, 김치선 목사님은 한국민 십일조 전도 운동을 전개하셨습니다. 당시 남북한 인구가 삼천만 명이었고 기독교 신자는 겨우 삼십만 명 정도였습니다.

그런데 십일조 전도 운동을 전개하여 성공하게 되면 기독교 신자 삼백만 명이 되는 것이었습니다. 교계에서는 이 전도 운동이 불가능하다고 했습니다. 심지어 김치선 목사의 운동이 이상하다고 비웃는 목사들도 적지 않았습니다.

그로부터 약 28년 후, 1973년 여의도에서 있었던 빌리그레함 전도대회 때 기독교 신자는 300만 명을 돌파하였습니다. 김 목사님은 한국교회의 부흥을 내다 보시고 예언하였던 것입니다.

우리는 구역을 어떻게 생각해야 하나요? 교회는 구역이 부흥할 때 부흥할 수 있습니다. 구역원은 언제나 먼저 구역의 부흥을 위해 기도해야 합니다.

1. 구역은 소그룹 운동입니다.

교회 성장 학자들은 교회가 부흥하려면 교회 내에 많은 소그룹이 활성화되어야 한다고 말합니다. 그것은 목사님, 장로님들만으로 교회를 모두 돌볼 수 없기 때문입니다. 한국교회의 영적인 소그룹은 바로 구역입니다. 한국의 구역예배는 세계 교회에서 찾아볼 수 없는 은혜로운 소그룹입니다. 예수님도 소그룹을 통해서 복음을 전파해 나가셨습니다. 바로 12제자와 70인의 제자 사역에서 찾아볼 수 있습니다. 따라서 구역장과 구역원은 언제나 감사하는 마음과 자부심을 가져야 합니다.

> **말씀 읽기** 마 10:1

2. 구역을 통해서 구원받는 사람이 증가합니다.

예루살렘 교회는 전 세계 교회의 원형으로, 모든 교회는 교회의 모범을 예루살렘 교회에서 찾아야 합니다. 예루살렘 교회는 소그룹을 중심으로 발전하였습니다. 당시 유대 사회는 강력한 씨족사회였기 때문입니다. 한 사람이 구원받으면 전 가족이 구원을 받곤 했습니다. 그래서 많은 가정들이 교회원이 되었고, 교회에서 식사를 하면서 성도들이 교제하곤 하였습니다. 예수님의 제자들 중에서 형제들이 나오는데, 베드로와 안드레 그리고 야고보와 요한이 있습니다.

> **말씀 읽기** 행 16:30

3. 구역을 키워 나가야 합니다.

성경은 "주께서 구원받는 사람을 날마다 더하게 하시니라"고 기록합니다. 이것은 예루살렘 교회의 부흥의 모습입니다. 시대는 달라도 사람은 다 똑같은 만큼 우리도 얼마든지 예루살렘 교회와 같이 구역을 부흥시켜 나갈 수 있습니다.

> **말씀 읽기** 고전 2:21

생각 나누기

01 교회에서 가장 활성화된 소그룹은 무엇입니까?

02 교회에서 성도들이 진실하고 친밀한 교제를 나눌 수 있는 방안은 무엇입니까?

03 교회가 예루살렘 교회와 같이 날마다 구원받는 사람들이 늘어 가기 위해서 우리는 무엇을 해야 합니까?

chapter 11
기도는 교회 부흥의 저력

성 경 / 행 4:1-4(p.192)
찬 송 / 516(통265), 545(통344)

마음 열기

위대한 종교개혁자 마틴 루터 목사님은 하루에 세 시간씩 기도하면서 종교개혁을 완성해 나갈 수 있었습니다. 천주교 교황과 주교 그리고 신부들은 루터 목사님을 죽이기 위해서 검객들과 군대를 몰래 파송했지만 성공하지 못했습니다. 그것은 하나님께서 하루 세 시간씩 기도하는 목사님을 세심하게 지켜 주셨기 때문입니다.

우리는 하루에 세 시간씩 기도하지 못해도 새벽기도 시간에 교회와 구역 그리고 담임 목사님 등을 위해 기도하는 것을 잊어서는 안 됩니다. 우리가 온 힘을 다해 기도할 때 교회가, 구역이, 목사님이 힘있게 주님을 위해 일할 수 있기 때문입니다. 그리고 그 기도 가운데 구역과 교회가 크게 부흥하게 될 것입니다.

1. 말씀을 선포하는 구역으로 만들어야 합니다.

예루살렘 교회는 엄청나게 부흥하기 시작했습니다. 예수님이 승천하신 후, 예루살렘 교회는 예수님의 말씀을 사람들에게 전파하였습니다. 이들 중 상당수가 예수님의 말씀을 전혀 들어보지 못했으나 말씀이 이들에게 전해지자 모두 마음 문을 열고 예수님의 이름을 영접하였습니다. 성도들은 심한 박해 속에서도 두려워하지 않고 뜨겁게 복음을 전파하였습니다.

말씀 읽기 ▶ 행 5:40

2. 용기 있게 전도하는 구역으로 만들어야 합니다.

본문은 말합니다.

"사도들이 백성에게 말할 때에 제사장들과 성전 맡은 자와 사두개인들이 이르러 예수 안에 죽은 자의 부활이 있다고 백성을 가르치고 전함을 싫어하여 그들을 잡으매 날이 이미 저물었으므로 이튿날까지 가두었으나"(1-3절).

말씀의 기록대로 초대교회 사도들은 엄청난 고통을 겪었음을 알 수 있습니다. 이런 와중에서 복음을 듣고 예수님을 믿는 사람의 수가 남자의 수만 약 오천 명이나 되었습니다. 유대인들은 인구 조사시 남자 장정만 기록하는 관습이 있어서 남자의 수만 오천 명이라고 기록한 것입니다. 여기에 여자, 미성년자 수까지 합치면 수만 명

정도가 되었을 것입니다. 초대교회는 용기 있는 전도로 엄청난 부흥을 일으켰습니다.

말씀 읽기 막 15:16

3. 구역 부흥은 곧 교회 부흥입니다.

모든 구역원은 전도대원, 전도대장들이 되어야 합니다. 오래전 독립문 성결교회의 어떤 장로님은 혼자서 600여 명을 전도하였습니다. 우리도 이런 전도자가 될 수 있습니다. 우리는 지금부터라도 천국의 나팔수인 전도자가 되도록 결단을 내려야 합니다. 우리는 전도를 역사적인 사명으로 생각하고 예수 그리스도의 몸 된 교회를 부흥시키는 사명감을 가져야 합니다. 그러면 먼 훗날 하나님 나라에서 큰 상급이 있을 것입니다.

말씀 읽기 단 12:3

생각 나누기

01 예루살렘 교회가 두려움 없이 복음을 전할 수 있었던 이유는 무엇입니까?

02 우리 교회의 구역이 부흥하기 위해 우리가 해야 할 일은 무엇입니까?

03 우리 교회, 구역을 위해 가져야 할 사명은 무엇입니까?

chapter 12
기도는 영적 생활의 시작

성 경 / 골 1:9(p.324)
찬 송 / 382(통432), 442(통499)

> **마음 열기**

세계 2차대전 때 프랑스가 독일 군대에게 패배하였습니다. 이때 영국은 29만 대군을 파병하였지만 곧 패하여 도버해협으로 도망하고자 하였습니다.

이때 영국왕 조오지 6세는 영국에 "어떻게 하든지 영국 군대를 건져달라고 하나님께 기도하자"고 '기도의 날'을 선포하였습니다. 즉시 온 국민이 기도를 시작했습니다.

그 후 특별한 기적이 일어났습니다. 그날 독일군 편에는 큰 폭풍우가 일어서 비행기 한 대도 뜰 수가 없었고 너무 비가 많이 와서 탱크 한 대도 움직일 수가 없었습니다. 그러나 영국군이 있는 도버해협은 어찌나 잔잔하고 고요한지 거울같이 맑아서 수많은 배가 29만의 영국 군대를 무사히 영국까지 옮길 수 있었습니다.

사도 바울은 다메섹 도상에서 예수님을 만난 후, 사도의 길을 가기 위해서 아라비아 광야로 나갔습니다. 이곳은 옛날 모세가 기도했던 시내산, 엘리야가 기도했던 호렙산이었습니다. 그 산 상봉을 시내산, 중봉을 호렙산이라고 합니다. 사도 바울은 시내산에서 3년 간의 기도생활을 하면서 영적인 권능의 기초를 닦았습니다. 이 3년 간의 기도가 그를 능력의 사도로 만들었던 것입니다.

1. 기도는 하나님과의 대화입니다.

사람과 하나님과의 유일한 커뮤니케이션은 오직 기도뿐입니다. 이는 옛적부터 선지자들과 사도들이 하였던 영적인 일입니다. 우리는 영적인 생활의 입문인 기도에 열심을 내야 합니다. 바울은 원래는 바리새인이었습니다. 바리새인은 다니엘 선지자의 신앙을 이어 받은 유대국의 종교 지배계급이었습니다. 그런데 예수님을 만난 후 그는 주님과 깊은 대화 가운데 말씀의 깊은 진리에 도달하였습니다. 우리도 매일 기도 가운데 주님과 깊은 교제를 나누어야 합니다.

말씀 읽기 단 6:10

2. 영적인 구역으로 만들어야 합니다.

사도 바울은 골로새 교회를 위하여 끊임없는 기도를 하였습니다.

옛 시대의 통신수단은 서신뿐이었습니다. 바울은 서신을 통해 골로새 교회에게 자신의 영적인 기도를 알려 주었습니다.

"이로써 우리도 듣던 날부터 너희를 위하여 기도하기를 그치지 아니하고 구하노니."

우리도 먼저 믿은 자가 나중에 믿은 자를 위해 기도해야 합니다. 기도는 영적인 구역의 참 모습입니다.

말씀 읽기 골 1:3

3. 신령한 은혜를 사모해야 합니다.

바울은 우리에게 하나님의 큰 은혜의 세계를 보여 주었습니다. 바울은 골로새 교회에게 은혜의 세계를 알려 주고자 하였습니다. 우리는 이 은혜를 성경 가운데서 볼 수 있습니다. 우리는 매일 성경을 읽고 기도 생활을 함으로써 바울과 같이 신령한 생활을 해야 합니다.

성경은 "너희로 하여금 모든 신령한 지혜와 총명에 하나님의 뜻을 아는 것으로 채우게 하시고" 라고 기록합니다. 여기서 '신령한 은혜의 본체'가 무엇일까요? 바로 예수 그리스도입니다. 바울은 예수님 전파에 일생을 바쳤습니다. 우리 구역도 하나님의 은혜를 더욱더 크게 받아 예수님의 복음을 전파해야 할 것입니다.

말씀 읽기 딛 3:6

생각 나누기

01 기도는 무엇이라고 생각합니까?

02 우리가 기도해야 할 이유는 무엇입니까?

03 우리가 매일을 은혜의 깊은 세계에 살기 위해 잊지 말아야 할 점은 무엇입니까?

III
성령이 충만한 구역

chapter 13   **성령이 인도하는 구역**

chapter 14   **성령은 보혜사**

chapter 15   **성령은 하나님의 능력**

chapter 16   **성령과 은사**

chapter 17   **성령의 능력과 전도**

chapter 18   **성령충만과 교회 부흥**

chapter 13
성령이 인도하는 구역

성 경 / 요 16:12-13(p.175)
찬 송 / 185(통179), 494(통188)

> **마음 열기**

로마제국에서 기독교에 신앙의 자유를 준 황제는 콘스탄틴 대제입니다. 그는 로마제국의 내란 때 하늘에 나타난 십자가와 "이로써 이기리라!"는 글씨를 보고 힘을 얻어 진군하여 로마제국의 반란을 진압하였습니다. 그는 이 체험을 근거로 로마제국 안에서 기독교 신앙의 자유를 선포하였습니다.
이것이 바로 유명한 '밀라노 칙령'입니다(AD 313).
하나님은 기독교의 고통을 기억하시고, 황제를 통해서 신앙의 자유를 주셨습니다. 오늘날 우리가 누리고 있는 신앙의 자유는 거저 얻은 것이 아닙니다.

1. 구약 시대에 성령은 특별한 사람들에게 임했습니다.

모세, 엘리야, 이사야 같은 선지자들에게 성령이 임하신 것입니다. 일반인들에게는 성령이 임하지 않으셨습니다. 그러하기에 성령을 받은 선지자들은 이스라엘의 영웅이 되었습니다. 이와 같은 사실들은 구약성경에 잘 나타나 있습니다.

말씀 읽기 ▶ 왕상 18:1

2. 예수님은 성령의 인도하심을 말씀하셨습니다.

예수님은 특별한 사람들에게만 임한 성령이 일반인들에게 임하신다고 예언하셨습니다.

성경은 "진리의 성령이 오시면 그가 너희를 모든 진리 가운데로 인도하시리니"라고 말씀합니다. 예수님은 성령이 오셔서 교회를 진리로 인도한다는 놀라운 말씀을 선포하셨습니다.

신약 시대는 은혜 시대였기에 예수님은 성령이 인도한다고 말씀하셨던 것입니다. 그 말씀대로 사도행전 2장에서 성령이 임하셨고 오늘날까지 우리와 함께 사역하고 계십니다.

말씀 읽기 ▶ 행 2:17

3. 우리 구역을 성령의 구역으로 만들어야 합니다.

구역의 부흥은 성령의 인도하심에 달려 있습니다. 구역의 일이 바로 거룩하신 하나님의 일이기 때문입니다. 전도와 구역 관리, 모두 성령이 인도하고 계십니다. 영혼 구원은 사탄의 세계에서 영혼을 구하는 일입니다. 우리가 주의 일을 하면, 주님은 우리의 일을 책임져 주십니다.

성령이 인도하시고, 성령이 충만한 구역으로 만들어야 합니다. 성령은 바울을 택해 유럽으로 보내어 유럽 선교를 하도록 하셨습니다. 이 일로 유럽 선교가 가속화될 수 있었습니다. 이처럼 성령은 우리를 택해 구역의 사역자로 삼으셨습니다. 이는 영적인 법칙입니다.

말씀 읽기 행 16:6

생각 나누기

01 왜 구약 시대에 성령을 받은 사람이 특별했다고 말할 수 있습니까?

02 성령이 인도하실 때 나와 구역은 어떻게 바뀌리라고 생각합니까?

03 우리 구역을 성령의 구역으로 만들기 위해서 우리는 무엇을 해야 합니까?

chapter 14
성령은 보혜사

성 경 / 요 14:16-17(p.173)

찬 송 / 190(통177), 450(통376)

마음 열기

스코틀랜드의 R.프르스라는 유명한 설교학자에 대한 이야기입니다. 어느 날 설교 시간이 되었는데 목사님이 나오지 않으셨습니다. 걱정된 교회 비서가 목사님을 찾아 방문 밖에 서 있었습니다. 문을 막 두드리려는 데 말소리가 들렸습니다. 대화 중인 것 같아 기다리다가 가만히 엿듣게 되었습니다. 그런데 "당신이 안 가시면 저도 안 갑니다"하면서 누군가에게 사정하는 것이 아닙니까?

하도 궁금하여 문을 살며시 열고 보았습니다. 그랬더니 목사님은 무릎을 꿇고 기도하고 있었습니다.

"하나님, 제가 준비는 다 했지만 성령님께서 저와 함께 가지 않으시면 저 혼자 갈 수 없습니다."

목사님은 언제나 성령님과 함께하심으로 강력히 역사하는 능력의 설교가 가능했던 것입니다.

예수님은 성령의 직능을 '보혜사'라고 말씀하셨습니다. 보혜사는 헬라어로 '파라클레토스'인데, 이는 '곁에'라는 단어와 '부르다'라는 단어의 합성어입니다. 따라서 이를 풀면 '곁으로 부름 받은 자'입니다. 성부와 성자 예수님이 성령을 우리 곁에 보내셔서 우리를 도와주도록 하신다는 말입니다. 성령은 우리를 도우며 위로하시고 상담해 주시고 보호해 주십니다.

1. 보혜사 성령은 예수님을 대신해 오셨습니다.

예수님은 언제까지 세상에 계실 수 없으셨습니다. 예수님은 하나님께로 가셔야만 했습니다. 예수님은 십자가에 못 박히시기 전에 마지막 설교를 하시면서 예수님 대신에 성령이 오셔서 교회와 성도들을 돌보실 것이라고 예언하셨고, 그 성령의 직분을 보혜사라고 말씀하셨습니다.

예수님이 지상에 오신 것도 은혜이고, 성령이 강림하신 것도 은혜입니다. 예수님이 십자가에 못 박히신다고 예언하시자 제자들은 크게 근심하였고, 예수님은 근심치 말라고 말씀하시며 바로 보혜사 성령이 온다고 하셨습니다.

말씀 읽기 ▶ 요 14:1

2. 성령은 우리와 함께 계십니다.

예수님은 "내가 아버지께 구하겠으니 그가 또 다른 보혜사를 너희에게 주사 영원토록 너희와 함께 있게 하시리니"라고 말씀하셨습니다. 예수님의 오심을 '임마누엘'이라고 합니다. 이 뜻은 "하나님이 우리와 함께 계시도다"입니다. 그런데 예수님은 성령이 오심으로 하나님이 영원토록 우리와 함께 하신다는 복음을 선포하셨습니다.

말씀 읽기 ▶ 마 1:23

3. 성령은 우리 구역과 함께하십니다.

하나님의 성령은 우리 구역과 함께 계십니다. 예수님의 사도들의 직분은 1회로 끝났지만, 제자의 직분은 계속되고 있습니다. 그래서 성령은 예수님의 제자들의 무리인 우리 구역과 함께 계십니다. 따라서 우리는 새로운 인식을 가져야 합니다. 우리는 주님의 제자로서 우리와 같은 또 다른 제자들을 만들어낼 의무가 있습니다. 우리는 성령과 동행함으로 구역과 교회를 부흥시켜 나가야 할 것입니다.

말씀 읽기 ▶ 롬 8:9

생각 나누기

01 보혜사되시는 성령은 어떤 분이십니까?

02 성령이 우리와 함께할 때 우리의 신앙생활은, 삶은 어떻게 변화될 거라고 생각합니까?

03 예수님의 제자로서 우리가 감당해야 할 사역은 무엇이라고 생각합니까?

chapter 15
성령은 하나님의 능력

성 경 / 눅 5:17(p.96)

찬 송 / 580(통371), 585(통384)

마음 열기

한국전쟁 때였습니다. 조국의 운명은 풍전등화 격이었습니다. 부산으로 피난을 간 이승만 대통령은 부산 초량교회에서 금식기도를 하시면서 많은 목사님들과 같이 구국기도회를 가졌습니다. 하나님은 주의 종들과 대통령의 기도에 응답하셨습니다.

그 시간 미국 뉴욕 UN빌딩에서 유엔 안전보장이사회가 열리게 되었는데, 공교롭게도 소련 대표 승용차는 타이어가 펑크가 나서 러시아워에 걸리게 되었습니다. 결국 소련 대표는 늦어져 기권 처리되었습니다. 이렇게 해서 한반도에 유엔군이 올 수 있게 되었습니다.

기도는 이렇게 국가의 운명을 바꾸는 놀라운 기적을 가져옵니다. 하나님은 이 시간에도 우리의 기도를 경청하시고 응답하고 계십니다.

1. 예수님은 지상에서 병을 치료하셨습니다.

예수님은 지상에 계시는 동안 쉬지 않고 일하시되, 많은 병든 자를 고치셨습니다. 이 치료 사역은 하나님의 권능, 성령의 권능입니다. 예수님은 설교와 치료 그리고 기사와 이적 등을 동시에 베푸셨습니다. 주님은 병든 자들을 불쌍히 여기셔서 그들을 외면치 않으시고 병을 고쳐 주셨습니다. 사람들은 예수님의 소문을 듣고 병을 고치기 위해서 예수님께 몰려 들었습니다.

말씀 읽기 ▶ 눅 5:1

2. 성령이 예수님과 함께 하셨습니다.

성경은 "병을 고치는 주의 능력이 예수와 함께 하더라"라고 말씀합니다. 여기에서 병을 고치는 주의 능력은 곧 성령의 능력이었습니다. 성령의 권능은 곧 전지전능하신 하나님의 권능을 의미합니다. 이 권능이 흑암의 세력과 질병의 세력을 몰아내었습니다. 주님은 가시는 곳마다 치료의 역사를 일으키셨습니다.

왜냐하면 예수님은 하나님의 독생자이시고 하나님의 권능이 있었기 때문입니다. 또한 예수님은 사랑으로 모든 병든 자들을 고쳐 주셨습니다.

말씀 읽기 ▶ 막 3:5

3. 예수님 같이 복음 전파에 담대해야 합니다.

예수님은 복음 전도와 치료의 역사에 담대하셨습니다. 본문에 예수님을 감시하는 유대의 종교 지배계급이 나옵니다. 말씀은 "하루는 가르치실 때에 갈릴리의 각 마을과 유대와 예루살렘에서 온 바리새인과 율법교사들이 앉았는데"라고 기록합니다. 이들은 예수님의 복음을 믿으려는 것보다 예수님에 대한 비방의 건수를 찾으려고 유대 전국에서 뽑혀 온 거국적인 유대교 지도자들이었습니다. 그럼에도 불구하고 예수님은 그들을 의식하지 않고 복음 전파와 신유의 기적을 담대하게 행하셨습니다. 우리는 예수님의 신앙의 용기를 본받아서 성령의 능력 전도에 담대해야 합니다.

말씀 읽기 행 3:37

생각 나누기

01 예수님의 치유 사역은 어떠했습니까?

02 예수님과 함께한 능력은 무엇인가요?

03 우리에게 요청되는 담대함은 무엇인가요?

chapter 16
성령과 은사

성 경 / 고전 12:1-4(p.277)

찬 송 / 197(통178), 446(통500)

> **마음 열기**

미국의 16대 대통령이었던 아브라함 링컨은 기도의 사람이었습니다. 링컨은 흑인들의 노예 해방을 위해 남북전쟁 중에도 하루에 3시간씩 하나님께 기도하며 전쟁을 승리로 이끌어 갔습니다.

링컨은 성경에서 기도한 다니엘을 따라 아침, 오후, 저녁에 꼭 하나님께 기도드렸습니다. 특히 오후, 정오에 기도할 때는 그 누구도 면회를 할 수 없었다고 합니다.

1. 고린도 교회는 기도하는 교회였습니다.

원래 고린도는 우상의 도시였습니다. 발칸 반도의 남단에 있는 펠레폰네소스 반도를 아가야 지방이라고 하는데, 이곳의 중심 도시가 바로 고린도였습니다. 헬라에는 이오니아식, 도리아식, 고린도(코린트)식 등 3대 건축양식이 있었지만 그중에서 고린도식이 제일 아름답고 우아했습니다. 이는, 곧 고린도가 우상 숭배가 심했다는 것을 의미합니다. 우리나라 덕수궁의 석조전은 러시아인이 건축 시공을 하였는데 그 건축양식이 바로 고린도식(로코코-Rococo 양식)입니다. 바울은 이런 우상의 도시에 예수님의 구원의 이름을 선포하여 무수한 사람을 그리스도인이 되게 하였습니다. 고린도 교회는 성령이 충만했고 기도하는 교회가 되었습니다.

말씀 읽기 ▶ 행 18:11

2. 고린도 교회는 은사가 충만했습니다.

고린도 교회는 기도를 열심히 하다가 큰 은사들을 체험하였습니다. 이 교회는 예루살렘 교회 못지않은 은사와 권능이 충만하였습니다. 바울은 이런 사실을 후대 교회에게 주지시키기 위해서 고린도전서 12장에서 아홉 가지의 은사들을 거론하기도 하였습니다. 고린도 교회 성도들은 이런 은사와 복음으로 고린도 도시를 복음화시켰습니다. 고린도 교회는 바울이 세운 여러 교회들 중에서 제일 기도를 많이 하였고 은사가 충만하였습니다. 고린도시의 복음화로 발칸 반도 남부지방이 복음화가 되었습니다.

말씀 읽기 행 18:9

3. 우리 구역도 고린도 교회를 본받아야 합니다.

본문은 성령의 역사를 중요하게 강조하였습니다. 본문은 "성령으로 아니하고는 누구든지 예수를 주시라 할 수 없느니라"라고 말합니다. 성령의 능력으로 예수님에 대한 신앙고백이 절로 나올 수밖에 없습니다. 복음 전도에 필요한 것이 바로 성령의 은사의 체험입니다. 체험의 신앙은 무체험의 신앙보다 더 깊을 수밖에 없습니다. 우리 구역도 은사를 적용하여 주님께 영광을 돌리며 부흥하게 될 것입니다.

말씀 읽기 고전 14:5

생각 나누기

01 우리가 변화시켜야 할 우리 지역의 환경은 어떠합니까?

02   우리 교회가, 우리 구역이 가지고 있는 은사는 무엇입니까?

03   성령의 9가지 은사 중 복음 전도를 위해 우리에게 반드시 필요한 은사는 무엇이라 생각합니까?

chapter **17**
성령의 능력과 전도

성 경 / 고전 6:10(p.269)
찬 송 / 270(통214), 428(통488)

> **마음 열기**

고 한경직 목사님은 미국 프린스턴 신학대학원에 유학 중에 폐결핵에 걸렸습니다. 그는 미국에서 죽음의 고비를 이기고 겨우 프린스턴을 마치고 귀국하였습니다. 한 목사님은 신의주 제일교회에서 시무하시다가 해방을 맞이하였습니다.

공산당들이 그를 핍박하고 투옥시키려 하자 한 목사님과 교인들은 삼팔선을 넘어 서울로 월남하였습니다. 한 목사님은 강신명 목사님과 같이 서울에서 월남한 성도들을 중심으로 영락교회를 세워 공동 목회를 시작하였습니다.

여러 해 후, 강 목사님은 새문안교회로 가게 되었습니다. 한 목사님은 간절한 기도로 미국에서 폐결핵을 이기고 하나님의 종이 되었습니다. 기도는 이처럼 우리가 상상할 수 없는 은혜를 입게 합니다.

1. 주 예수의 이름에는 속죄의 권세가 있습니다.

예수님이 승천하신 지 10일 후에 성령이 강림하셨습니다. 성령은 예수님의 이름을 믿게 하는데 가속과 능력을 붙게 하였습니다. 초대 교회 당시 로마 제국 내의 모든 대륙에는 육신의 죄가 넘치고 있었습니다. 로마 제국 내의 모든 종교는 죄를 규정하는 경전이 없었기 때문입니다. 이들은 죄가 죄인 줄 깨닫지 못하였습니다.

세상에서 제일 무서운 것은 죄를 깨닫지 못하는 무식과 무지입니다. 이는 고린도 도시도 마찬가지였습니다. 이곳은 갖가지 죄악들이 넘쳤습니다. 바울은 이러한 고린도에 선교의 깃발을 세워 예수님의 이름으로 하나님 나라를 유업으로 받게 되었습니다.

말씀 읽기 요 6:47

2. 성령은 사람을 깨끗하게 하는 권능이 있습니다.

성령의 속성에 능통한 사도 바울은 다음과 같이 말하였습니다. "주 예수 그리스도의 이름과 우리 하나님의 성령 안에서 씻음과 거룩함과 의롭다 하심을 받았느니라"(고전 6:11) 오직 성령만이 그리스도인들을 성화시켜 줍니다. 성령의 권능이 없이는 성화가 불가능합니다. 그 은혜를 직접 체험한 사람이 바로 사도 바울입니다. 바울은 자기의 과거의 죄를 고백할 때 자신이 "죄인 중에 괴수"(딤전 1:15)라고 하였습니다. 예수님을 핍박하던 핍박자가 위대한 전도자가 되었으니 성령의 사역이 얼마나 위대한지 알 수 있습니다. 우리는 언제나 성령의 도우심을 위해 기도해야 합니다.

말씀 읽기 ▶ 행 7:55

3. 우리는 성령의 권능으로 구역을 부흥시켜야 합니다.

유대교 지도자들은 기독교를 "전염병, 천하에 흩어진 유대인을 다 소요하게 하는 자"(행 24:5)로 표현하였습니다. 하나님이 우리 구역원들을 성령의 사람으로 만들어 주신만큼 우리는 성령의 권능으로 주님의 복음을 전해야 합니다. 한 사람이 예수님을 믿으면 안 믿는 가족과 친지가 다 구원의 영향권 아래에 들어오게 됩니다. 동시에 사탄의 권세는 물러갑니다. 이것은 신약성경에 감춰진 놀라운 비밀입니다.

말씀 읽기 ▶ 행 15:8

생각 나누기

01 우리 지역과 사회에 만연한 죄악에 대해 말해 봅시다.

02 이 시대 그리스도인은 많은 오해를 안고 있습니다. 우리를 향한 오해는 무엇입니까?

03 영적으로 어두운 시대에 우리가 요청해야 할 성령의 은혜는 무엇입니까?

chapter 18
성령충만과 교회 부흥

성 경 / 행 19:5-7(p.220)
찬 송 / 182(통169), 423(통213)

> **마음 열기**

부흥사였던 고 양춘식 목사님은 두 세대를 풍미하였던 하나님의 종이었습니다. 그는 일제 시대에 기도의 동지들과 같이 묘향산으로 기도하러 갔습니다. 산에 들어가면서 그 시대의 법에 따라 일본 지서의 순사에게 신고하고 들어갔습니다. 묘향산은 깊은 산이라 호랑이 같은 맹수들이 많이 있었습니다. 양춘식 목사님 일행은 한 굴에서 단 하룻밤을 철야기도를 하였습니다. 그다음 날 일본 순사들이 총을 들고 포수들과 같이 그들을 찾으러 왔습니다. 일본 순사들은 "당신들이 15일 동안 내려오지 않아서 시체라도 찾으러 왔소!"라고 말했습니다. 양 목사님 일행은 하루만 철야했다고 느꼈는데 보름의 날짜가 지나갔던 것입니다. 깊은 기도의 삼매경이었습니다.

교회의 힘은 기도와 성령의 능력에 달려 있습니다. 이런 힘이 있는 교회는 부흥하지만, 이 힘이 없는 교회는 쇠퇴하거나 약해지고 맙니다. 성도는 교회를 위해 기도하기를 쉬지 말아야 합니다. 이것은 구약 시대의 사무엘 선지자와 예수님이 가르쳐 주신 진리였습니다.

1. 에베소 교회는 인내하는 교회였습니다.

원래 에베소 교회는 아볼로가 목회하고 있었습니다. 그는 해외에서 태어난 헬라파 유대인이었고, 에베소에서 목회하고 있었습니다. 그런데 고린도에서 목회하고 있던 바울과 교환하여 바울이 에베소로, 아볼로가 고린도로 각각 이동하게 되었습니다. 바울이 에베소 교인들에게 "너희가 믿을 때에 성령을 받았느냐?"(행 19:2)라고 묻자, "아니라 우리는 성령이 계심도 듣지 못하였노라"고 대답했습니다. 그러면 에베소 교인들은 도대체 누구였을까요?

그들은 본문을 기준으로 해서 25년 전인 주후 26년에 세례 요한에게 세례를 받았던 사람들이었습니다. 이때는 예수님이 공생애를 시작하시기 직전이었으므로, 요한도 에베소인들도 그리스도가 누구인지를 몰랐습니다. 그러나 이들은 요한으로부터 회개하라는 소리를 들었으므로, 조국으로 돌아온 후에도 요한의 가르침을 근거로 에베소 교회를 세워 자기들의 신앙을 지키고 있었습니다. 이럴 즈음에 바울이 에베소를 방문했는데, 이때가 주후 51년 경이었습니다.

말씀 읽기 마 3:1-3

2. 에베소 교회는 성령이 충만한 교회였다.

에베소 교인들은 바울을 통해서 예수님을 처음 알게 되었습니다.

왜냐하면 전임 목사였던 아볼로가 예수님을 모르고 오직 요한만 알았기 때문입니다. 바울은 그들에게 25년 전에 "내 뒤에 오시는 이를 믿으라!"(행 19:4)고 외친 말을 상기시키자, 에베소인들은 그 말을 생각하고서 25년 동안 기다려 온 예수님을 믿게 되었습니다. 에베소 교인들은 다시 바울로부터 예수님의 이름으로 세례를 받게 되었으니 이것이 역사적인 에베소 교회의 시작이었습니다.

그 당시 에베소 교회가 아주 활발하게 활동했다는 것은 요한계시록 2장에서 찾아볼 수 있습니다. 예수님은 소아시아 일곱 교회들에게 목회서신을 말씀하셨는데 그 첫 번째 교회가 바로 에베소 교회였습니다. 에베소 교인들은 바울에게서 안수기도를 받을 때, 성령을 체험하게 되었습니다.

성경은 "바울이 그들에게 안수하매 성령이 그들에게 임하사"(행 19:6)라고 말씀합니다.

말씀 읽기 엡 1:14

3. 에베소 교회를 본받는 구역과 교회가 되어야 합니다.

교회는 예수 그리스도의 몸 된 영적인 기관인 만큼 성령과 말씀이 충만해야 합니다. 에베소 교회가 과거에 요한이 예언한 예수님의 말씀을 믿고 인내하며, 바울을 기다린 것을 본받아 우리 구역원들도 예수님의 말씀을 인내하며 지켜야 합니다. 동시에 성령으로 뜨거운 구역이 되도록 해야 합니다. 그 당시 에베소 교인들의 수는 사도행전 기록자인 누가가 기록한 대로 "모두 열두 사람쯤"(행 19:7)되었으니 오늘의 구역원의 수 정도 된다고 볼 수 있습니다. 구역은 소교회입니다. 구역원들은 구역 발전을 위해 최선을 다해야 합니다.

말씀 읽기 계 2:7

생각 나누기

01 에베소 교회는 누구를 먼저 알고 있었습니까?

02 에베소 교회의 장점은 무엇입니까?

03 우리 구역은 성령과 말씀이 충만하기 위해 무엇을 해야 할까요?

IV

말씀이 충만한 구역

chapter 19   말씀은 신앙의 기본

chapter 20   말씀은 전도의 능력

chapter 21   말씀은 영생의 복

chapter 22   말씀은 행복의 시작

chapter 23   말씀은 지식의 근원

chapter 24   말씀은 교회 부흥의 저력

chapter 19
말씀은 신앙의 기본

성 경 / 요 1:1(p.142)
찬 송 / 28(통28), 425(통217)

> **마음 열기**

영국에서 선교하러 나온 토마스 목사님이 미국 상선 제너럴셔먼호에 한국어 통역으로 승선하여 대동강으로 들어왔습니다. 조선 관군과의 결전에서 제너럴셔먼호는 불탔고, 토마스 목사님은 대동강 강변에서 참수형을 당하게 되었습니다. 목사님은 평양 감사의 사형 언도를 받고 형장으로 끌려가면서 한국말로 "여러분 예수 믿으세요! 예수! 예수!"라고 외쳤고, 한문으로 된 쪽 복음 성경을 품에서 꺼내 뿌렸습니다. 이때 이것을 주운 평양의 아이들은 몰래 거룩하게 순교하신 토마스 목사님의 모습을 지켜보고 예수님을 믿었습니다. 그들은 그 쪽 복음을 읽고 하나님께 조선에 기독교의 자유를 주시라고 기도했으니, 그들은 바로 한국 기독교의 개척자들인 서상륜과 그의 동생인 서경조 등이었습니다. 평양의 기독교 개척자였던 마펫 목사님은 나중에 이들의 도움을 받아 평양성이 내려다보이는 장대재에 장대재(장대현)교회를 세우게 되었습니다.

1. 말씀에는 창조의 능력이 있습니다.

사도 요한은 창세기의 말씀을 인용해서, 하나님께서 천지를 창조하실 때 말씀으로 창조하셨고 성자 예수님도 같은 사역을 하셨다고 말하였습니다. 이 말씀은 곧 하나님이시므로 하나님은 말씀으로 완성하신 창조의 사역을 완료하셨습니다. 이 창조의 능력은 오늘날에도 권능을 발하고 있으니, 바로 권능을 통한 구원의 능력입니다. 하나님은 말씀으로 구령사업을 왕성하게 하고 계십니다.

말씀 읽기 창 1:1

2. 말씀은 곧 성자, 독생자 예수님이십니다.

"이 말씀이 하나님과 함께 계셨으니 이 말씀은 곧 하나님이시니라"(요 1:1). 이 말씀은 삼위일체 하나님의 신비를 풀어 주는 신비로운 말씀입니다. 예수님은 성부 하나님과 같이 천지창조의 사역에 동참하셨습니다. 예수님은 하나님 말씀의 본체로서 이 땅에 오셨고 만민을 구원하려 지상에 성육신하셨습니다. 그래서 기독교인들에게 있어서 말씀이 바로 신앙의 기본이 됩니다. 성도는 하나님의 말씀을 사랑하며 읽어야 합니다. 말씀은 우리에게 생명을 공급하는 하나님의 크신 능력입니다.

말씀 읽기 창 1:30

3. 말씀으로 구역 부흥을 이루자.

교회에서 전도현장의 최전방은 바로 구역과 구역예배입니다. 그러므로 우리는 말씀으로 구역 부흥을 이루고, 이것이 우리가 하나님의 영혼 구원에 동참하고 있는 것임을 명심해야 합니다.

하나님의 나라는 말씀 전도와 같이 확장되고 있습니다. 예수님의 공생에도 바로 전도와 하나님 나라의 확장 그 자체였습니다. 그래서 우리의 구역도 하나님의 말씀을 근거로 부흥을 이루어야 합니다.

말씀 읽기 요 4:39

생각 나누기

01 하나님께서 천지를 창조하실 때 무엇으로 창조하셨습니까?

02 우리가 말씀을 신앙의 기본으로 삼기 위해 어떻게 해야 할까요?

03   말씀으로 부흥을 이루기 위해 어떻게 해야 할까요?

chapter 20
말씀은 전도의 능력

성 경 / 요 4:42(p.149)

찬 송 / 546(통399), 408(통466)

마음 열기

스펄전을 회심시킨 것은 콜로체스터의 예배당에서 있었던 어느 감리교 평신도 설교자의 설교가 아니었습니다. 그를 변화시킨 것은 하나님의 말씀이었습니다.
"나를 바라라 그리하면 땅 끝까지라도 함께 하리라."
스펄전은 그 순간을 이렇게 회상했습니다.
"그 설교자는 그다지 많은 것을 전하지는 않았습니다. 그러나 내가 하나님께 감사하는 것은 그로 하여금 계속 그 말씀을 되풀이하게 하신 것입니다. 적어도 나에게는 그 말씀 이외에 필요한 것은 아무것도 없었습니다."

예수님이 이방 지역인 사마리아의 수가성을 지나가게 되셨습니다. 원래 유대인들은 갈릴리로 여행을 할 때, 절대로 중부 사마리아를 관통하지 아니하고 우회하여 육로나 지중해 배편을 이용했습니다. 하지만 예수님은 사마리아로 들어가 수가성 입구에 있는 한 우물가에서 한 여인과 대화하시게 되었습니다. 이 여인은 남편을 다섯이나 둘 정도로 결혼에 실패하였고, 너무 부끄러워 동네 사람들이 나오지 않는 정오의 시간에 물을 길기 위해 우물에 가야만 했습니다. 그녀는 여기에서 예수님을 만나 일생의 큰 변화를 맞게 되었습니다. 그녀는 예수님을 통해 거듭난 후, 모든 동네 사람들을 예수님께로 인도하였습니다. 이것이 그녀가 변화되었다는 놀라운 증거입니다.

1. 예수님은 한 영혼을 사랑하셨습니다.

예수님은 유대인이신 만큼 유대인의 관습을 지키셔야 했지만, 한 여인을 구원시키기 위해서 비난을 두려워하지 않으시고 사마리아의 수가성에 이르게 되었습니다. 수가성 여인은 예수님과의 대화 속에서 예수님의 말씀의 권능에 놀라고 말았습니다. 무엇보다도 유대인이신 예수님이 천한 사마리아인에게 구원의 말씀을 주신 것은 복 자체였습니다. 이것은 사마리아도 구원을 받아야 한다는 예수님의 사랑이었습니다.

말씀 읽기 ▶ 행 1:8

2. 수가성 여인은 변화를 일으켰습니다.

수가성 여인은 자기의 부끄러움을 잊은 채, 물동이를 버려두고 마을로 돌아가 사람들에게 알리기 시작했습니다. 사람들은 도대체 무슨 일인가 하여 그 여인에게 몰려나왔습니다. 그 여인은 그들에게 "내가 행한 모든 일을 내게 말한 사람을 와서 보라 이는 그리스도가 아니냐"(행 4:29)라고 외쳤습니다. 사람들은 예수님께 나아갔고 모두 구원을 받게 되었습니다.

말씀 읽기 행 11:46

3. 우리 구역도 전도에 대해서 용감해야 합니다.

수가성의 여인이 말씀을 통해서 변화받아 전도 대장이 된 것 같이 우리 구역도 전도 대장이 되어야 합니다. 전도는 주님의 지상명령이며, 거룩한 구원사역입니다.

수가성 여인은 변화받자, 자기의 부끄러움을 포기하고 오직 진리의 근본이신 예수님 전도에 앞장을 섰습니다. 이 얼마나 놀라운 일입니까! 천하게 여김 받던 한 여인을 통해 수가성 사람들이 구원을 받았고 나중 사도들 시대에는 사마리아에 교회가 세워지게 되었습니다.

우리 구역 주위에 고난을 받고 있는 많은 분들에게 구원의 복음을 전파해야 합니다. 그럴 때 그들이 변화하여 지역과 나라를 변화시키는 자들이 될 것입니다.

말씀 읽기 요 21:17

생각 나누기

01 예수님은 왜 비난을 감수하면서까지 유대인들이 가지 않는 사마리아로 여행을 하게 되었습니까?

02 수가성 여인을 통해 깨달은 점은 무엇입니까?

03 우리 주위에 고난 당하고 있는 분들이 있습니까? 그들에게 가장 필요한 것은 무엇이라고 생각합니까?

chapter 21
말씀은 영생의 복

성 경 / 요 3:16(p.146)
찬 송 / 446(통500), 373(통503)

마음 열기

한얼산 기도원 원장이셨던 고 이천석 목사님이 직접 겪으셨던 일입니다. 1974년 봄, 이 목사님이 금호동에서 어떤 택시를 탔습니다. 그런데 택시 기사가 백미러로 자꾸 목사님을 보는 것이 아닙니까! 이 목사님이 왜 그런가 하여 물었습니다. "기사 양반, 왜 자꾸 나를 보슈?" 그러자 기사가 이야기했습니다. "혹시 손님, 6.25전쟁 때 함경도에서 국군으로 참전하셨지 않았나요?" 이 목사님은 대답했습니다. "아! 그랬지요." 기사는 갑자기 택시를 세우고 말했습니다. "아이고! 목사님! 목사님이 그때 저를 살려 주셨어요." 울면서 기사가 말했습니다. 이 목사님은 전쟁 때 인민군 포로를 잡았는데 그중에 학생들이 있었습니다. 한 학생이 성경을 들고 있자 목사님은 말했습니다. "너 기독교인이니? 그러면 사도신경과 주기도문을 암송해 봐!" 그러자 그 학생은 유창하게 외웠습니다. 이를 들은 목사님은 자기 권한으로 그와 학생들을 석방시켜, 홍남 부두 철수 때 후퇴하도록 도와주었습니다. 목사님은 그 사건을 까마득하게 잊고 있었는데, 근 20년 만에 그 학생을 만났던 것입니다.

1. 말씀은 영생의 복입니다.

하나님의 말씀은 듣고 영접하는 모든 이에게 영생을 줍니다. 예부터 인류는 영생을 얻기 위해서 우상을 섬기고 도를 닦아 왔지만 결코 구원과 영생을 얻지 못했습니다. 그것은 구원과 영생은 하나님의 말씀 안에 있기 때문입니다. 세상의 그 어떤 종교로도 사람은 절대로 구원받을 수가 없습니다. 그래서 세상을 구원하시기 위해서 세상에 말씀을 주셨는데 이것이 바로 성경입니다.

오직 성경에만 인류를 구원하는 영생의 길이 있습니다. 하나님의 말씀 외에는 절대 영생의 길이 없습니다. 성경은 인류 역사의 고향이요, 참된 진리의 길입니다. 우리는 이러한 고귀한 성경을 읽을 수 있다는 사실에 감사해야 합니다.

말씀 읽기 ▶ 행 10:43

2. 말씀의 본체는 바로 예수님이십니다.

사도 요한은 말씀이 육신이 되신 분이 예수님이라고 기록하였습니다. 이것은 인간의 논리나 학문으로 풀 수 없는 거룩하신 하나님의 신비의 말씀입니다. 예수님은 구약에 예언된 메시야로서 이 땅에 오셔서 말씀이 육신이 되셨습니다. 이것은 하나님의 크신 사랑입니다.

"하나님이 세상을 이처럼 사랑하사 독생자를 주셨으니 이는 그를 믿는 자마다 멸망하지 않고 영생을 얻게 하려 하심이라"(요 3:16). 이보다 더 큰 하나님의 사랑 표현은 없습니다. 하나님의 본체이신 제2의 하나님은 육신으로 세상에 오셨습니다. 그래서 말씀이 육신이 되셨습니다.

> **말씀 읽기** 요 1:14

3. 우리는 이 생명의 말씀을 전해야 합니다.

우리는 생명의 말씀의 전파자입니다. 이는 하나님께서 우리에게 주신 사명입니다. 아직도 복음을 모르는 사람들이 많이 있습니다. 그들의 영혼은 우리를 기다리고 있습니다. 바울이 소아시아의 갈라디아에서 목회하고 있을 때, 환상 중에 마케도니아 사람들이 나타나 우리를 도우라고 요청했습니다. 그래서 바울은 선교지를 유럽으로 돌려 역사적인 유럽 선교를 하게 되었습니다. 이처럼 우리를 기다리는 불신의 영혼들이 있습니다. 우리는 전도에 사명감을 가져야 합니다. 말씀 전도는 곧 생명의 전파입니다.

> **말씀 읽기** 행 16:9

생각 나누기

01 하나님의 말씀 안에서 우리가 깨달을 수 있는 것은 무엇입니까?

02 지금도 하나님의 말씀을 갈망하는 자들이 어디에 있는지 이야기를 나눠 봅시다.

03 우리는 어떻게 영생의 말씀을 전할 수 있을까요?

chapter 22
말씀은 행복의 시작

성 경 / 시 1:1-2(구약 p.804)
찬 송 / 323(통355), 303(통403)

마음 열기

록펠러가 출세하기 위해 고향을 떠나 뉴욕으로 갈 때, 어머니와 몇 가지 약속을 했습니다. 첫째 주일성수를 할 것, 둘째 십일조를 할 것, 셋째 주의 종과 좋은 관계를 유지할 것이었습니다. 그는 브루클린 다리에서 부두 막노동을 하면서 몇십 센트로 십일조 생활을 시작했습니다. 이것은 어머니와의 약속 이전에 하나님과의 약속이었습니다.

수십 년 후, 그는 미국의 제일가는 부자가 되었고, 그의 십일조를 계산하고 교회로 보내는 직원만 350명 정도였다고 합니다. 그는 미국 전역에 수백 개의 교회를 건축했고, 많은 목사님들에게 큰 소망을 주었습니다. 오늘날 뉴욕의 수돗물은 정수된 상수도인데, 모두 무료라고 합니다. 이것은 록펠러의 기부금으로 이루어졌습니다.

1. 다윗은 최고로 축복을 받은 사람이었습니다.

원래 다윗은 베들레헴의 목자였습니다. 예나 지금이나 목자라는 직업은 그렇게 알아 주지는 않았습니다. 그렇지만 그는 목자의 일을 하면서도 감사하며 기쁨 가운데 하나님께 찬양을 올려 드렸습니다. 하나님은 언제나 감사하며, 신령한 찬송을 부르는 다윗을 왕으로 세우셨습니다. 다윗은 왕이 된 후에도 계속해서 신령한 시와 찬미를 시편에 기록으로 남겼습니다. 이를 볼 때 시편은 고난 중에 있는 성도들에게 복을 받게 하는 지름길이라 할 수 있습니다.

말씀 읽기 ▶ 시 18:1

2. 하나님은 행복의 근원이십니다.

사람들은 행복을 찾기 위해 별의별 방법을 구하지만, 인간이 얻을 수 있는 행복에는 반드시 한계가 있기 마련입니다. 오직 하나님만이 인간에게 진정한 행복을 주십니다. 다윗 왕은 후대인들에게 복 받는 비결을 본문에서 다음과 같이 말하고 있습니다.

"복 있는 사람은 악인들의 꾀를 따르지 아니하며 죄인들의 길에 서지 아니하며 오만한 자들의 자리에 앉지 아니하고 오직 여호와의 율법을 즐거워하여 그의 율법을 주야로 묵상하는도다"(시 1:1).

죄인과 악인의 삶을 살지 아니하는 자, 말씀을 묵상하는 자가 복이 있는 사람입니다. 여기에서 '묵상'이라는 말의 원어 뜻은 "큰 소리로 읽다"란 의미입니다. 이것이 다윗이 복 받은 비결입니다. 그는 하나님 말씀을 사랑하여 읽고 찬양하였던 것입니다.

말씀 읽기 전 2:24

3. 행복의 말씀을 전파하는 구역으로 만들어야 합니다.

하나님은 말씀이 사람들의 입을 통해 전파되도록 하셨습니다. 그러므로 우리는 구역예배와 구역전도를 통해서 이 불행한 시대에 행복의 말씀을 전하도록 힘써야 합니다. 복음이라는 말은 하나님의 말씀이라는 합성어에서 나왔습니다. 따라서 말씀, 복음 자체가 행복의 근원이 되는 것입니다. 이 말씀이 우리의 사명이 됩니다.

말씀 읽기 잠 3:33

생각 나누기

01 다윗이 축복 속에 왕으로 부름 받을 수 있었던 이유는 무엇입니까?

02 우리가 누릴 수 있는 행복의 근원은 무엇입니까?

IV. 말씀이 충만한 구역 101

03 우리는 어떻게 행복의 말씀을 전파할 수 있을까요?

chapter 23
말씀은 지식의 근원

성 경 / 잠 1:4-5(구약 p.910)
찬 송 / 350(통393), 432(통462)

마음 열기

소련의 우주인 가가린은 달에서 "하나님은 없다!"는 무신론적인 말을 했습니다. 그러나 같은 우주인이라도 미국의 우주인 닐 암스트롱은 달에서 "하나님의 솜씨는 위대하고 놀랍다!"라고 찬사를 외쳤습니다. 이때 모든 지구인은 아폴로 11호에서 수신되는 그의 모습과 소리를 보고 들을 수 있었습니다.

그 후 20여 년 만에 구 소련은 해체되고 러시아로 바뀌었고, 미국은 초강국이 되었습니다. 하나님을 인정하고 믿는 나라는 부흥하나, 그렇지 않은 나라는 쇠퇴한다는 게 역사의 법칙입니다.

1. 솔로몬은 지혜와 지식의 대왕이었습니다.

솔로몬은 너무나 어린 나이에 이스라엘의 3대 왕이 되어 왕권의 기반이 든든하지 못했습니다. 그러던 중에 그는 매우 복잡한 한 재판을 맡게 되었습니다. 솔로몬은 한 아기를 놓고 두 여자가 서로 자기 아들이라고 우기는 법정 사건에서 참 어머니를 구별하여 아기를 돌려주었습니다. 이것은 너무나 유명한 판결입니다. 솔로몬은 어머니의 본능을 읽고 정의로운 판결을 내렸습니다. 솔로몬의 재판은 거창한 게 아니었습니다. 그는 인간의 심리를 이용하여 판결을 내리는 인류 최초의 지혜와 지식의 대왕이었습니다. 이런 지혜가 어디에서 나왔을까요? 바로 하나님입니다. 솔로몬은 이 재판을 통해 왕권을 확고히 세우고 전 세계에 유명한 왕이 되어, 이스라엘 왕국의 전성기를 열었습니다.

말씀 읽기 왕상 3:28

2. 솔로몬의 지혜와 지식은 일천 번제 때문이었습니다.

솔로몬이 왕이 되자마자 행한 신앙의 사건은 하나님께 드리는 일천 번제였습니다. 이것은 일천 마리의 가축을 제물로 하나님께 불로 태워 드리는 제사였습니다. 부왕 다윗도 이런 제사를 하나님께 드리지 못했습니다. 하나님은 그의 놀라운 믿음을 보시고 감동하사 꿈에 그에게 나타나셔서 무엇을 구하느냐고 물으셨습니다. 그러자 그는 주저하지 않고 지혜를 구하였습니다. 이것이 바로 하나님 마음에 합하여 그는 지혜와 지식을 받았고, 그 외에도 부귀, 영화, 장수 등의 복을 받았습니다. 그는 지혜를 근거로 지식의 대왕이 되었습니다.

> **말씀 읽기** 왕상 4:29

3. 구역예배를 잘 드려야 합니다.

솔로몬에게 일천 번제가 있었다면, 우리에게는 여러 예배가 있고 또한 구역예배가 있습니다. 우리에게 구역예배는 하나님께 정성껏 드려야 하는 신령한 영적 제사입니다. 솔로몬이 제사를 중요하게 여긴 것 같이 우리도 구역예배를 중요하게 여겨야 합니다. 솔로몬은 본문에서 하나님의 말씀에 대해 다음과 같이 정의했습니다.

"어리석은 자를 슬기롭게 하며 젊은 자에게 지식과 근신함을 주기 위한 것이니."

우리 구역원과 자녀들 역시 하나님의 말씀을 사모하여 솔로몬과 같은 지혜를 얻어야 할 것입니다.

> **말씀 읽기** 왕상 3:3-4

생각 나누기

01 솔로몬이 탁월한 지혜를 얻을 수 있었던 이유가 어디에 있다

IV. 말씀이 충만한 구역　105

고 생각합니까?

02　우리가 구해야 하는 지혜의 근원은 무엇입니까?

03　지혜를 얻기 위해 우리가 매일 사모해야 할 대상은 누구입니까?

chapter 24
말씀은 교회 부흥의 저력

성 경 / 행 12:24(p.209)

찬 송 / 442(통499), 457(통510)

마음 열기

1926년에 개교한 예루살렘의 히브리 대학교는 30년도 못 되어 세계적인 대학교가 되었습니다. 2차 세계대전 후 노벨상 수상자의 20% 정도가 바로 히브리 대학교 출신들이었습니다. 한국의 서울대학교의 세계적인 순위는 1982년도 기준으로 150위 정도였고, 1997년도 기준으로는 800위로 밀려났습니다. 히브리 대학은 예나 지금이나 여전히 10위권 안에 들어 있습니다. 똑같이 두 나라는 1948년도에 독립했고, 서울대학교의 역사는 일제 시대의 경성제국대학교의 역사까지 합산하면 서울대의 역사가 히브리대보다 더 오래되었는데도 왜 이런 엄청난 차이가 있을까요? 그것은 아주 간단합니다. 히브리 대학교는 성경을 교과에 넣었고 서울대학교는 그렇지 못했기 때문입니다. 말씀의 위력은 탁월합니다. 하나님의 말씀은 교육, 국가, 민족, 역사 그리고 교회 부흥에 엄청난 위력이 있습니다.

1. 말씀에는 흥왕하는 권세가 있습니다.

이스라엘의 학교에서는 오전에는 성경만 가르치고, 오후에서야 학과를 가르칩니다. 그럼에도 불구하고 학생들은 수학, 영어, 과학 등에서 탁월한 실력을 나타내고 있습니다. 그 나라에서는 과외라는 것은 상상도 못합니다. 그들은 하루 중에서 제일 신선한 시간에 말씀을 공부하고 오후 나른한 시간에 세상 공부를 하니, 하나님이 그들에게 복을 주시지 않겠습니까!

교회와 가정도 마찬가지입니다. 하나님의 말씀을 중심으로 산다면, 가정은 복을 받게 될 것입니다. 교회도 하나님 말씀이 충만하면 저절로 부흥하는 법입니다. 말씀에는 흥왕하는 권세가 있기 때문입니다.

말씀 읽기 ▶ 창 1:13

2. 말씀 전파로 교회를 부흥시켜야 합니다.

초대교회는 왕성하게 부흥했습니다. 핍박을 받으면서도 부흥했습니다. 그 비결은 바로 말씀입니다.

"하나님의 말씀은 흥왕하여 더하더라"(행 12:24).

예수님은 3년간 말씀을 전파하셨습니다. 초대교회가 그 결실을 거두게 되니 크게 부흥할 수밖에 없었습니다. 이때 사도 야고보의 순교와 베드로의 투옥 등의 고난이 있었지만 예루살렘 교회는 크게 부흥하였습니다. 그 힘은 바로 하나님의 말씀이었습니다.

말씀 읽기 ▶ 행 9:22

3. 우리는 말씀으로 교회와 구역을 부흥시켜야 합니다.

이 땅에 복음이 들어온 지 어느덧 100년이 넘었습니다. 그래서 온 백성이 최소한 예수님이 누구인지 잘 알고 있습니다. 이 말은 복음의 씨앗이 엄청나게 뿌려져 있다는 것을 의미합니다. 우리는 나가서 이제 거두기만 하면 됩니다. 이 얼마나 좋은 시대입니까! 절대로 망설이지 말고 추수하여 일꾼을 교회와 구역에 채워야 합니다. 얼마든지 교회는 부흥될 수 있습니다. 교회 부흥은 곧 하나님 나라의 확장이며 영혼 구원의 거룩한 일입니다.

말씀 읽기 ▶ 행 18:10

생각 나누기

01 우리가 가정에서, 직장에서, 학교에서 복을 받을 수 있는 근거는 무엇입니까?

02 교회가 왕성하게 부흥할 수 있는 힘은 무엇이라고 생각합니까?

03 하나님 말씀의 권세와 위력에 대해 말해 봅시다.

V

봉사하는 구역

chapter 25 봉사는 섬기는 일
chapter 26 봉사는 십자가의 길
chapter 27 봉사와 이웃전도
chapter 28 봉사와 지역사회
chapter 29 봉사와 인류애
chapter 30 봉사와 구역 부흥

chapter 25
봉사는 섬기는 일

성 경 / 눅 19:5-7(p.128)
찬 송 / 424(통216), 196(통262)

> **마음 열기**

구세군의 창시자 윌리암 부스는 매우 병약한 사람이었습니다. 청년 때 병원을 찾았을 때 의사는 충격적인 말을 했습니다.
"이런 몸 상태로 과로를 계속하면 1년을 넘기기 어렵습니다. 휴식을 해야 합니다."
윌리암 부스는 위축되지 않았습니다. 그 대신 규칙적으로 생활하며 약자들을 돕는 봉사활동에 전념했습니다. 그는 우려에도 불구하고 83세까지 장수했습니다.
그의 아들 브람웰 부스도 마찬가지였습니다. 다른 사람의 도움 없이 계단을 오를 수 없을 정도였습니다. 사람들은 그가 스무 살을 넘길 수 없을 거라고 생각했습니다. 하지만 그도 73세까지 살 수 있었습니다. 그의 삶은 '봉사'와 '사랑의 실천'으로 가득 채워져 있었습니다. '봉사'와 '사랑의 실천'은 '장수'와 '건강'을 선물합니다. 남을 위해 봉사하는 사람들은 행복하고 건강한 인생을 누리게 됩니다.

봉사라는 말은 영어로는 서비스라고 합니다. 영어는 이 단어를 하나님께 드리는 '예배'를 가리키는 단어로 사용합니다. 이는 자신을 희생하여 하나님께 드린다는 뜻입니다. 교회에는 하나님에 대한 희생의 영적인 예배와 사람을 섬기거나 돕는 봉사가 당연히 있어야 합니다. 만일 이 둘 중에 하나라도 부족하면 교회의 사명에 충실하지 못하다는 진단을 내릴 수 있습니다.

1. 봉사는 신앙의 인격입니다.

삭개오는 여리고성의 세관장이었습니다. 여리고는 아시아 여러 지역들, 아프리카, 그리고 유럽으로 가는 실크로드의 한 작은 길이었습니다. 그는 이곳을 통과하여 지나가는 대상들로부터 국경통과세, 무역관세 등을 징수하여 헤롯왕에게 바치는 세리였습니다. 마침 이곳을 지나가시는 예수님으로부터 "삭개오야 속히 내려오라 내가 오늘 네 집에 유하여야 하겠다"(눅 19:5)라는 말씀을 듣고, 뽕나무에서 내려와 예수님을 영접하였습니다. 그는 냉혈한이라고 불려질 정도로 인색한 세리였습니다. 그러한 그가 예수님을 만나자, 마음 문을 열고 예수님을 자기 집에 모시는 봉사를 하게 되었습니다. 사실 이것은 어려운 일이었습니다. 예수님이 혼자만 계신 것이 아니고 열두 제자와 그 외의 많은 제자를 거느리고 다니셨기 때문이었습니다. 수행원만 최소 수십 명은 되었을 것입니다.

말씀 읽기 ▶ 마 10:1-4

2. 봉사에는 즐거움이 있어야 합니다.

부름을 받은 삭개오는 억지가 아닌 즐거움으로 예수님과 제자들을 자기 집으로 영접하였습니다. "급히 내려와 즐거워하며 영접하거늘"이라고 6절에 기록되어 있습니다. 이 구절에는 삭개오의 큰 기쁨이 내포되어 있습니다. 예수님은 지상에 계시면서 집 한 칸도 없으셨습니다. 이는 곧 가난을 의미합니다. 예수님은 정처없이 떠돌아 다니셨기에 사람들로부터 이러한 대접을 받으셔야만 했습니다. 만일 삭개오에게 즐거움이 없었다면 주님은 그의 봉사를 거절하셨을 것입니다.

말씀 읽기 눅 10:37

3. 봉사는 섬기는 일이다.

삭개오와 같이 우리는 구역원을 서로 섬길 줄 알아야 합니다. 심지어는 불신의 이웃까지라도 섬길 줄 알아야 합니다. 신앙의 척도는 반드시 영적인 것으로만 결정되는 것이 아니라 봉사 같은 섬기는 일로 평가를 받으며 열매를 맺습니다.

예수님이 삭개오의 집에 들어가셨을 때, 많은 유대인이 "저가 죄인의 집에 유하러 들어갔도다" 라고 수군거리자 오늘 구원이 이 집에 이르렀다고 말씀하셨습니다. 우리의 봉사로 초신자의 신앙이 굳세지고, 불신자가 구원을 받을 수 있으므로 구역원들은 구역과 교회에서 봉사를 잘해야 합니다.

말씀 읽기 행 10:2

생각 나누기

01 삭개오가 예수님을 집으로 초대한 것이 얼마나 큰 결단이자 헌신인지 말해 봅시다.

02 봉사에 즐거움이 있어야 하는 이유는 무엇입니까? 우리의 봉사에는 즐거움이 있습니까?

03 우리가 구역에서 어떻게 봉사할 것인가를 서로 말해 봅시다.

chapter 26
봉사는 십자가의 길

성 경 / 막 15:13(p.83)
찬 송 / 425(통217), 585(통384)

마음 열기

마태복음 9장에 열두해 혈루증을 앓는 가련한 여인이 나옵니다(20절). 이 여인은 사람들이 불결하게 생각하는 아주 고통스러운 질환을 앓고 있었습니다. 모세의 율법에 따르면 이 병은 체외로 피를 흘리는 병으로 부정한 병으로 간주됩니다. 부정한 병을 앓는 자는 이스라엘 회중에 들지 못하고 영지 밖에서 치유될 때까지 살아야만 했습니다. 그런데 이 여인이 예수님으로부터 혈루증을 고침 받았습니다.

그로부터 3년 후 예수님이 십자가를 지고 골고다로 가시다가 쓰러지시길 수십 차례, 만일 누구든지 죄수를 도와주면 무서운 로마 군병의 채찍질을 받아야만 했지만, 어떤 여인이 군중 속에서 나와 손수건으로 예수님의 피 묻은 얼굴을 닦아 드렸습니다. 그런데 그녀의 수건에 예수님의 얼굴이 도장 찍히게 되었습니다. 이 수건은 오늘날까지 박물관에 보관되어 있습니다. 이 여인은 바로 '베로니카'로, 예루살렘 교회의 멤버가 되었으며, 삭개오와 결혼을 하여 지금의 프랑스 리옹으로 이민을 가 그곳에 교회를 세워 섬기다가 생을 마감하였습니다.

1. 예수님은 십자가에서 죽으심으로 희생하셨습니다.

예수님은 십자가에서 죽으심으로써 인류를 위해 봉사하셨습니다. 이는 하나님의 사랑의 실천이셨습니다. 십자가만 생각한다면 우리는 얼마든지 봉사할 수 있습니다.

하나님이 십자가에서 죽으셨다는 것은 하나님의 영원하신 인류를 위한 봉사였습니다. 우리는 주님의 은혜에 감사하는 마음으로 봉사의 신앙을 가져야 합니다.

말씀 읽기 ▶ 마 4:19

2. 봉사자의 원형은 예수님이십니다.

빌라도가 예수님을 석방시키려고 하자 유대인들은 부르짖었습니다. "저를 십자가에 못 박게 하소서!"(막 15:13) 예수님은 돌아가셨습니다.

봉사에는 사랑이 있어야 하지만, 예수님의 뜨거운 아가페의 사랑이 내포되어 있어야 합니다. 이것이 없으면 참된 봉사라고 말할 수 없습니다. 예수님은 지상에 오셔서 봉사의 생활을 하셨습니다. 병든 자를 고쳐 주시고, 약한 자를 굳세게 하시고 사랑을 실천하셨습니다.

말씀 읽기 ▶ 눅 5:15

3. 봉사는 십자가의 길이다.

우리가 교회와 구역에서 십자가를 지는 것이, 곧 주님의 고난에 동참하는 일입니다. 우리는 봉사에 몇 가지 원칙을 세워야 합니다.

① 남이 하기 싫어하는 일을 해야 합니다.
② 어려운 일을 해야 합니다.
③ 남이 알아 주지 않아도 상급을 바라보며 봉사해야 합니다.
④ 초신자에게 우선순위를 두고 봉사해야 합니다.

나 한 사람이 십자가를 지고 봉사할 때 구역과 교회가 밝아지며, 부흥된다는 것을 명심해야 합니다. 오직 십자가의 예수님을 바라보는 신앙으로 봉사에 임해야 합니다.

말씀 읽기 고전 15:58

생각 나누기

01 예수님은 우리를 위해 어떤 헌신을 하셨습니까?

02 예수님이 하신 봉사를 하나씩 열거해 봅시다.

03 우리가 교회에서 감당해야 할 봉사는 어떤 것이 있는지 하나씩 열거해 봅시다.

chapter 27
봉사와 이웃전도

성 경 / 행 10:1-2(p.204)
찬 송 / 543(통342), 569(통442)

> **마음 열기**

한국에서 고아원을 최초로 만드신 분은 언더우드 목사님이셨습니다. 갑신정변, 김옥균의 3일 천하 때 무수한 숙청사건이 있었습니다. 수구파, 개화파가 차례로 형벌을 받았습니다. 그러는 과정에서 사대부 집안의 양반집 도련님들이 졸지에 거지가 되어 서울 장안을 몰려다니며 구걸을 하였습니다.

언더우드 목사님은 그 딱한 사정을 보시고 그들을 데려다가 돌보셨으니 이것이 한국 최초의 고아원의 시작이었습니다. 이들 중에서 한 고아를 언더우드 목사님이 프린스턴 대학교까지 유학을 보내 인물을 만들었는데, 그분이 바로 선각자 김규식 선생이었습니다. 이렇게 해서 봉사를 통해 우리나라가 발전하는 원동력이 되었습니다. 기독교의 봉사와 근대 한국은 떼려야 뗄 수가 없습니다.

1. 봉사는 하나님의 실천입니다.

고넬료는 신약 시대에 역사를 바꾼 인물이었습니다. 고넬료가 복음을 받아들여 이방 세계에 복음이 들어가는 저력이 되었기 때문입니다.

고넬료는 지중해 항구 가이사랴에서 근무하는 로마의 백부장이었습니다. 그런데 이런 이방인에게 하나님의 계시가 있게 되었고, 그 집을 베드로가 방문하게 되었습니다. 하나님은 이방인 구원의 물꼬를 트시면서 고넬료의 집을 선택하셨습니다. 그는 유대교에 있을 때부터 구제와 봉사에 힘을 썼습니다. 하나님은 그의 봉사를 보시고 그에게 은혜를 베푸셨습니다.

> 말씀 읽기 약 1:9

2. 하나님은 봉사하는 자를 사랑하십니다.

하나님의 은혜는 그냥 오는 것이 아닙니다. 본인의 노력이 있어야 합니다. 이것은 본문 4절에 기록되어 있습니다.

"네 기도와 구제가 하나님 앞에 상달되어 기억하신 바가 되었으니"

하나님은 가이사랴의 로마인인 고넬료를 주시하여 보셨던 것입니다. 이는 오늘날에도 마찬가지입니다. 하나님은 이웃에게와 교회에서 즐겁게 봉사하는 자를 사랑하십니다. 이기주의가 팽배하는 이 시대에 우리는 그리스도의 봉사로 빛과 소금이 되어야 합니다.

| 말씀 읽기 | 행 9:31

3. 우리는 구역의 이웃에게 봉사해야 합니다.

이웃의 불신자들은 기독교인들에게 많은 기대를 걸고 있습니다. 자신들은 세상적으로 살아도 교인들은 성경대로 살기를 바라는 마음을 갖고 있습니다. 우리는 그들의 요구를 무시할 수가 없습니다. 예수님의 십자가를 생각하면서 우리는 불신의 이웃들에게 예수님의 사랑의 봉사를 실천하여 그들을 감동시켜 예수님을 믿게 해야 합니다. 그러므로 우리의 봉사는 바로 예수님과 천국의 봉사 대사임을 알아야 합니다. 구역의 부흥은 우리의 말과 행동에 있음을 깊게 생각해야 합니다.

| 말씀 읽기 | 마 7:11

| 생각 나누기 |

01 하나님께서 고넬료를 선택한 이유가 어디에 있다고 생각합니까?

02 하나님은 어떤 사람을 사랑하신다고 생각합니까?

03 우리가 이웃에게 베풀 수 있는 봉사는 무엇이 있습니까? 서로 말해 봅시다.

chapter 28

봉사와 지역사회

성 경 / 행 11:29-30(p.207)
찬 송 / 559(통305), 445(통502)

> 마음 열기

미국에서 어떤 사업가가 60세가 넘은 나이에 사업에 실패하여 큰 고통을 겪다가 정신병원에 입원하여 치료를 받고 있었습니다. 그는 점점 중증으로 치달아 치료가 불가능한 상태에 이르렀습니다. 그런데 어느 날 어디선가 들려오는 찬송 소리에 이끌려 나아갔습니다. 그곳은 바로 병원 교회였습니다. 한 간호사가 오르간을 치면서 찬송가 432장 '너 근심 걱정 말아라'를 부르고 있었습니다. 그는 그 간호사의 전도를 받고 예수님을 영접하여 그리스도인이 되었습니다. 퇴원 후, 그는 하나님께 간절히 기도하였는데 기도 중에 닭 요리법의 환상이 보였습니다. 그는 그 요리법대로 사업을 시작하여 대성하였으니, 그가 바로 켄터키 치킨(KFC)의 창업자 커넬씨입니다. 80년대 중반에 그가 소천했을 때, 시카고 시는 그가 노인이었지만 많은 미국인들에게 용기를 주었고 지역사회를 위해 업적을 남긴 것을 인정해 시카고 장례식으로 영결식을 거행하였습니다.

1. 초대교회는 봉사에 열심을 냈습니다.

본문의 시대인 로마제국의 글라우디오 황제의 통치 시대에 유대와 지중해 연안 국가에 큰 가뭄이 있었습니다. 그중에 유대의 가뭄은 더 심했습니다. 그래서 소아시아에 있던 여러 교회들이 모교회인 예루살렘 교회를 돕기로 했습니다. 그중에서 안디옥 교회가 앞장서서 예루살렘 교회를 돕게 되었습니다. 안디옥 교회의 목회자였던 바나바는 부임하자마자, 곧 길리기아 다소로 가서 바울을 데리고 와 안디옥에서 공동목회를 하였습니다. 안디옥은 고대 사회 시대에 굉장히 번성했던 도시였습니다. 비교적 신앙의 자유가 있었던 안디옥은 기독교의 중심지로 부상하였습니다.

말씀 읽기 ▶ 행 13:1-3

2. 안디옥 교회는 봉사하는 교회였습니다.

안디옥은 유대주의의 영향이 전혀 미치지 못한 대도시였고, 사람들도 관대했습니다. 이런 경향 때문에 안디옥 교회의 교인들은 관대한 마음을 갖고 있었고 바울 사도의 세계 선교의 후원자 역할을 하였습니다.

"제자들이 각각 그 힘대로 유대에 사는 형제들에게 부조를 보내기로 작정하고 이를 실행하여 바나바와 사울의 손으로 장로들에게 보내니라"(행 11:29-30).

지금으로부터 2000년 전에 이런 구제와 봉사를 했다는 사실은 대단한 사건이었습니다. 하나님은 이런 봉사를 기억하시고, 안디옥 교회를 크게 들어서 사용하셨습니다.

말씀 읽기 ▶ 빌 2:4

3. 우리 구역도 지역사회를 위해 봉사해야 합니다.

우리가 살고 있는 지역사회는 하나님이 우리에게 주신 영적인 초장입니다. 구역원들은 목자의 심령으로 영혼 구원을 위해 봉사를 해야 합니다. 커넬씨가 예수님의 이름으로 미국 사회에 헌신하였듯이 우리도 한국의 지역사회에 이런 봉사를 해야 합니다. 하나님의 사랑의 한 방편이 바로 봉사입니다. 이 봉사를 위해서 때로는 우리의 물질도 희생해야 합니다.

말씀 읽기 ▶ 계 2:4

생각 나누기

01 하나님께서 고넬료를 선택한 이유가 어디에 있다고 생각합니까?

02 안디옥 교회처럼 우리 교회가 봉사할 수 있는 일은 무엇이라고 생각합니까?

03 우리가 시작할 수 있는 작은 봉사는 무엇이라고 생각합니까?

chapter 29
봉사와 인류애

성 경 / 마 28:19-20(p.52)
찬 송 / 220(통278), 524(통313)

마음 열기

나폴레옹은 다음과 같은 유명한 말을 남기고 세인트 헬레나 섬에서 54세의 한 많은 생애를 마감했습니다.
"나는 총과 대포로 세계를 정복하려고 했지만 실패했다. 그러나 나사렛 예수는 바늘 하나 들지 않고 사랑으로 세계를 정복했다."
예수님의 사랑은 위대합니다. 예수님의 십자가 은혜로 그의 이름을 부르며 고백하는 모든 자로 구원을 얻게 하시기 때문입니다. 우리는 예수님으로 인해 하나님 나라의 자녀로 살아갈 수 있게 되었습니다.

1. 하나님의 사랑은 세계의 사랑이었습니다.

유대인은 오직 유대인만이 구원을 받는다고 생각했습니다. 그러나 하나님은 세계를 사랑하셨습니다. 예수님은 "그러므로 너희는 가서 모든 민족을 제자로 삼아 아버지와 아들과 성령의 이름으로 세례를 베풀고 내가 너희에게 분부한 모든 것을 가르쳐 지키게 하라"고 말씀하셨습니다. 이 말씀은 분명히 인류를 향한 하나님의 사랑입니다.

말씀 읽기 ▶ 마 22:23

2. 기독교의 봉사는 세계사를 바꿨습니다.

미국의 장로교 선교사들이 한국을 여행하면서 한국에 천연두, 장티푸스, 나병 등 저주스러운 풍토병이 많은 것에 충격을 받고 병원을 세워 나병 치료 사업에 앞장섰습니다. 미국의 남장로교 선교사들은 대구의 동산병원, 전주의 예수병원, 광주의 제중(기독)병원, 소록도의 나병치료소, 여수의 나병환자 치료소인 애향원 등을 세웠습니다. 이 애향원에서 한국이 낳은 위대한 성자 손양원 목사님이 순교하셨습니다.

말씀 읽기 ▶ 막 6:13

3. 우리 구역도 봉사를 통한 인류애를 가져야 합니다.

봉사는 반드시 어떤 거창한 것에서 시작하지 않습니다. 하찮은 것, 누구나 다 할 수 있는 것부터 시작되어야 합니다. 하나님의 역사는 항상 작은 일에서부터 시작되었습니다. 우리 구역원이 하는 작은 봉사는 바로 인류애의 시작이라는 것을 기억해야 합니다.

예수님은 우리에게 큰 것을 요구하지 않으십니다. 작은 것을 요구하고 계십니다. 이웃에게 행한 작은 봉사가 세계를 향한 하나님의 사랑입니다. 구역원이 이웃을 사랑하는 것 또한 세계적인 사랑입니다.

말씀 읽기 요일 1:5

생각 나누기

01 하나님의 인류를 향한 사랑은 어떠합니까?

02 우리나라를 위해 헌신한 선교사님의 활동에 대해 아는 대로 말해 봅시다.

03 우리는 이웃을 사랑하는 주님의 요청에 어떻게 응답해야 할까요?

chapter 30

봉사와 구역 부흥

성 경 / 눅 22:11-13(p.134)

찬 송 / 494(통188), 261(통195)

> **마음 열기**

고종이 기독교를 허락한 것은 미국 정부와 선교사의 헌신적인 봉사 때문이었습니다. 다른 열강들은 조선을 삼키려고 하였지만 미국만은 조선을 도우려고 한 것입니다. 감동한 고종은 지금의 덕수궁 뒤에 있는 현 미대사관 관저를 영구히 하사하였습니다.

그리고 갑신정변 때, 개화파에 의해서 민비의 조카 민영익이 난도질을 당하자 미국 선교사 알렌이 수술로 그를 살려내었습니다. 이 봉사에 감동하여 고종은 기독교 선교를 허락하였습니다.

이것이 기독교 선교의 시작입니다. 선교사의 봉사로 한국의 역사가 새롭게 달라지게 된 것입니다. 하나님은 봉사를 통해 이 나라에 복을 주셨습니다.

1. 봉사는 기독교 부흥의 저력입니다.

예수님이 십자가의 길을 가시기 전에 유월절 최후의 만찬을 하시게 되었습니다. 예수님은 제자를 보내어 물동이를 지고 가는 한 사람의 집에서 만찬을 하신다고 전하도록 하셨습니다. 그는 말씀 그대로 순종하여 예수님과 제자들의 일행을 자기 집으로 모셨습니다. 주님을 영접하는 자는 복을 받습니다. 전해 내려오는 말에 의하면 이 집은 마가 어머니의 집으로, 성령이 강림하시게 되는 마가의 다락방이라고 합니다. 그리고 여기서 예루살렘 교회가 시작되었다고 합니다.

말씀 읽기 행 2:2

2. 기쁨으로 봉사해야 합니다.

마가의 모친은 기쁨으로 순종하여 자기 집에다 당장 예수님의 일행을 위한 만찬의 상을 차렸습니다. 원래 마가는 예수님의 제자가 아니었지만 어머니의 순종으로 그는 사도의 반열에 오르게 되었고 그의 집은 예루살렘 교회가 되었습니다. 그뿐 아니라 그의 삼촌이 되는 바나바마저도 전토를 팔아 헌금하며 주님을 따르는 자가 되었습니다. 바나바는 안디옥 교회에서 바울을 천거하여 기독교 역사에 위대한 업적을 남기게 되었습니다. 이 모든 일이 모두 기쁨의 봉사에서 나왔습니다.

말씀 읽기 행 5:36-37

3. 우리도 기쁨으로 봉사해야 합니다.

사람들은 행함으로 구원을 받는다고 생각하지만 착각입니다. 구원은 믿음으로 얻습니다. 단지 받은 구원에 감사하여 봉사하는 것이 기독교의 봉사관입니다. 그래서 우리는 구역과 교회 부흥을 위해 기쁨으로 봉사해야 합니다. 구역원들은 봉사가 하나님 나라의 확장을 위한 방편임을 깨닫고 봉사 자체를 사랑해야 합니다. 하나님은 봉사하는 성도에게 복을 주십니다.

말씀 읽기 ▸ 빌 2:17

생각 나누기

01 봉사를 통해 얻은 기쁨이 어떤 것이 있는지 말해 봅시다.

02 우리가 그리스도인으로서 봉사해야 하는 이유는 무엇이라고 생각합니까?

03 주님은 우리가 행하는 봉사를 어떻게 생각하실지 이야기해

봅시다.

VI
교제하는 구역

chapter 31   **교제와 신앙**

chapter 32   **교제와 예수님**

chapter 33   **교제와 사도들**

chapter 34   **교제와 인간관계**

chapter 35   **교제와 사랑**

chapter 36   **교제와 구역 부흥**

chapter 31
교제와 신앙

성 경 / 요 1:43-45(p.143)
찬 송 / 28(통28), 183(통172)

마음 열기

미국의 복음 전도자로 알려진 유명한 D. L. 무디에 관한 이야기입니다. 하루는 그가 서재에 앉아 글을 쓰고 있는데 5살 먹은 그의 아들이 들어왔습니다. 무디는 아들이 자신을 방해하지 않기를 바라면서 물었습니다.
"원하는 게 뭐야?"
그러자 그 아이는 대답했습니다.
"아무 것도 원하지 않아요. 아빠와 함께 있고 싶어서 들어왔어요."
그리고 아이는 조용히 마루에 앉아서 놀기 시작했다고 합니다. 정말이지 아이는 아버지와 교제만을 원했던 것입니다. 우리도 우리 아버지와의 교제를 사모하는 마음이 필요합니다.

우리는 성도의 교제를 중요하게 여겨야 합니다. 성도들은 교제를 통해 예수 그리스도의 사랑을 나눌 수 있기 때문입니다.

1. 예수님의 제자들도 교제를 했습니다.

유대인들은 교제를 중요시하였지만, 이방인들과 절대 교제를 하지 않았습니다. 교제는 주로 식사, 상대방 집 방문, 숙식 등이었는데 이런 교제는 오직 유대인들끼리만 이루어졌습니다. 또한 같은 유대인이라도 계층과 신분이 동등한 위치의 사람들끼리 교제가 있었습니다. 교제를 통해 세례 요한의 제자들 대부분이 예수님의 제자가 되었고, 안드레, 베드로, 빌립 역시 교제를 통해 부름을 받았습니다.

말씀 읽기 ▶ 살전 1;3

2. 예수님은 교제로 제자들을 부르셨습니다.

빌립의 친구 나다나엘은 가나 사람이었습니다. 빌립이 그에게 예수님이 나사렛 사람이라고 미리 말하자 그는 "나사렛에서 무슨 선한 것이 날 수 있느냐?"고 반문하였습니다. 가나는 부유자들이 사는 동네였고, 나사렛은 상인들이 사는 험한 동네였기 때문입니다. 나다나엘은 그런 동네에서 절대로 그리스도가 나올 수 없다고 단언하지만, 예수님을 직접 만나 교제하자마자, 예수님을 믿고 제자가 되었습니다. 만약 그가 선입견을 갖고 나사렛 출신인 예수님을 만나지 않았다면 예수님의 제자가 되지 못했을 것입니다. 교제가 중요합니다.

말씀 읽기 고전 9:10

3. 교제를 잘하는 구역이 되어야 합니다.

우리가 아는 사람끼리만 교제한다면 우리는 편협한 사람이 될 것입니다. 이는 하나님께서 싫어하시는 행위입니다. 우리는 적극적으로 새신자, 새교우, 친구를 사귀지 못하는 성도들과도 교제를 나눠야 합니다. 식사, 방문, 이메일, 전화통화 등을 통해 적극적으로 교제를 나눠야 합니다. 특히 구역은 이와 같은 교제가 특화되어야 합니다. 유대인들은 모르는 사람과 식사를 잘 하지 않지만 한 번 식사를 하면 그때부터는 형제 관계로 지낸다고 합니다. 우리는 구역에서의 교제로 성도들과 영적인 관계를 가져야 할 것입니다.

말씀 읽기 마 14:16

생각 나누기

01 그리스도인들이 교제를 중요시해야 하는 이유는 무엇입니까?

02 예수님을 믿지 않는 친구들에게 어떻게 복음을 전할 수 있을까요?

03 우리가, 교회가, 우리 구역이 교제를 활발하게 할 때 어떤 유익을 얻을 수 있을까요?

chapter 32
교제와 예수님

성 경 / 마 11:18-19(p.16)

찬 송 / 262(통196), 353(통391)

마음 열기

그리피스 존은 20년이 넘도록 중국에서 지내면서 젊은 선교사들에게 이런 말을 자주 했습니다.

"복음을 전하라. 복음을 전하기 위해서는 서두르지 말고 경건해지도록 힘쓰라."

1877년 상하이에서 열린 선교회의에서 그는 이렇게 선포했습니다.

"선교사는 무엇보다도 거룩한 사람이 돼야 합니다. 사람들은 선교사들이 거룩한 사람이길 기대합니다. 저는 별로 경건하지 않은 채 큰 영적 능력을 발휘할 수 있는 목회자는 한 사람도 없다고 확신합니다. 목회자는 착한 사람이기만 하면 안 됩니다. 경건해지기에 힘써야 합니다. 이것이 바로 이 나라가 우리를 통해 변화되기 위해 필요한 일입니다.

아버지되신 거룩하신 하나님과 함께, 하나님의 거룩하신 아들이신 그리스도와 함께, 거룩함을 나타내는 하나님의 영이신 성령님과 함께 시간을 나누십시오. 거룩한 교제를 위해 시간을 내어 드리십시오. 하나님은 친히 우리로 온전히 거룩하게 하십니다. 끊이지 않는 교제를 경험하십시오. 그리스도로 말미암아 우리는 한 성령 안에서 하나님 아버지께 나아감을 얻습니다."

예수님의 전도 방식은 아주 적극적이고 공격적이었습니다. 예수님은 한 곳에 계시지 않으시고 이 동네 저 동네 다니시며 전도하셨습니다. 주로 천하고 낮은 사람들을 만나셨고 그들과 식사를 하셨습니다. 예수님이 계시던 때 유대는 13계급이 있었습니다. 그래서 예수님이 신분이 낮은 사람들을 만나면 신분이 높은 바리새인들과 사두개인들은 예수님을 죄인의 친구라고 악평했습니다. 그러나 예수님은 무슨 말을 들어도 열심히 그들을 만나 교제하고 전도하셨습니다. 이것이 예수님의 전도 방식이었습니다.

1. 예수님은 낮은 자의 친구셨습니다.

유대인은 만일 한 번이라도 교제를 잘못해서 찍힌다면 더 이상 상류사회로 진출할 수 없었습니다. 예수님은 이 모든 걸 아셨지만 하나님 나라를 위해 신분이 낮은 자들과 교제하셨습니다. 예수님은 낮은 자의 집을 방문해 그들과 빵을 나눔으로써 깊은 교제를 이루셨습니다.

말씀 읽기 ▶ 마 10:42

2. 예수님은 세리와 죄인의 친구셨습니다.

유대에서 세리는 13번째의 계급이었습니다. 이들은 유대의 공무원이 아닌 로마제국을 위해서 일하는 일종의 반유대적인 세일즈맨들이었습니다. 세금을 걷으면, 일정한 금액을 로마제국에 상납하고 나머지는 자기들이 나누어 가졌습니다. 그래서 세리들은 유대에서 매국노로 간주되었습니다. 유대인들은 이런 세리를 낮은 계급으로 만들어 멸시하였습니다. 그런데 예수님이 이런 세리와 식사를 하게 되자 유대 지도자들은 예수님을 공격하였습니다. "먹기를 탐하고 포도주를 즐기는 사람이요 세리와 죄인의 친구로다!"

말씀 읽기 막 2:19

3. 구역에서 참 교제가 있어야 합니다.

예수님은 사랑으로 교제하셨고, 영혼 구원을 위해 교제하셨습니다. 우리도 영혼 구원을 위해 교제하는 성도가 되어야 합니다. 세상 사람들은 술로 교제하지만, 우리는 성도들과 거룩한 예배와 찬미를 드리며 성도의 교제를 나누어야 합니다. 그리고 불신자들도 초대하거나 방문하여 교제를 나누어야 합니다. 이것이 주님이 사용하신 방법입니다. 우리는 교제를 통해 영혼을 구원해야 합니다.

말씀 읽기 막 7:12

생각 나누기

01 우리가 주변의 이웃과 나눌 수 있는 깊은 교제는 무엇입니까?

02 우리가 그리스도인으로서 다른 사람들의 시선에도 불구하고 담대히 나눌 수 있는 교제는 무엇입니까?

03 우리가 구역과 교회에서 믿지 않는 영혼과 나눌 수 있는 교제는 무엇일까요?

chapter 33

교제와 사도들

성 경 / 막 6:37-44(p.63)
찬 송 / 305(통405), 373(통503)

마음 열기

예수님 당시 세상 끝은 인도였습니다. 예수님이 승천하시기 전에 사도들에게 이렇게 말씀하셨습니다.
"예루살렘과 온 유대와 사마리아와 땅끝까지 이르러 내 증인이 되리라."
사도들은 이 말씀을 이루기 위해 세계에 다니며 선교했습니다. 특별히 사도 도마는 당시 땅끝으로 간주된 인도로 갔습니다. 도마는 인도의 동쪽 인도양의 항구인 마드레스까지 가서 교회를 세우고 선교하다 힌두교의 자객에 의해 순교를 당했습니다. 이것이 인도의 도마교회의 유래입니다. 17세기경 서양의 선교사들이 인도를 선교하다가 마드레스의 도마교회를 보고 하나님께 감사드리며 사도 도마의 순교 사실을 확인하였습니다. 지상의 교회들은 이처럼 사도들의 순교의 터 위에 세워졌습니다.

1. 사도들은 식사 대접으로 무리와 교제하였습니다.

오병이어의 기적 때였습니다. 많은 무리가 예수님의 설교를 듣다 보니 남자 장정만 오천 명이 모였습니다. 이것을 본 사도들은 예수님께 "이 곳은 빈 들이요 날도 저물어가니 무리를 보내어 두루 촌과 마을로 가서 무엇을 사 먹게 하옵소서"(막 6:35-36)라고 요청하였습니다. 사도들은 떡 다섯 개와 물고기 두 마리를 가져왔고, 예수님은 이를 나눠 주게 하여 모든 무리가 식사할 수 있었습니다. 사도들은 식사를 통해 무리와 교제할 수 있었습니다.

말씀 읽기 눅 9:5

2. 예수님의 사랑은 기적으로 나타났습니다.

예수님은 떡 다섯 개와 물고기 두 마리로 오천 명을 먹이는 기적을 베푸셨습니다. 모든 사람이 기적의 빵을 먹고 하나님의 권능에 놀랐습니다. 이들은 신령한 빵과 물고기를 먹으며 교제를 나눴습니다. 제자들이 계산한 양식의 금액은 이백 데나리온이었습니다. 당시 일 데나리온이 숙련된 노동자의 하루 품삯이었음을 계산하면 엄청난 금액이 필요했던 것입니다. 이들은 식사의 교제를 통해 예수님을 더욱 바라보게 되었습니다.

말씀 읽기 막 6:8

3. 교제가 넘치는 구역으로 만들어야 합니다.

우리는 초대교회의 신앙을 본받아서 교제가 넘치는 구역으로 만들어야 합니다. 전도는 사람을 통해서 이루어지는 만큼, 구역원들은 구역예배와 교제를 중요시해야 합니다. 우리는 물 한 잔이라도 정성껏 대접하여 서로 교제가 되도록 해야 합니다. 교제는 중요한 전도 방법입니다. 이는 인간관계를 원활하게 하여 구원을 전파할 수 있게 하기 때문입니다.

말씀 읽기 창 18:5

생각 나누기

01 식사 교제는 사람들의 마음을 열게 하는 역할을 한다고 합니다. 우리에게 식사의 교제가 필요한 사람은 누구라고 생각합니까?

02 교제를 위해 필요한 주님의 은혜는 무엇입니까?

03 구역 부흥을 위해 필요한 여러 가지 교제의 방법을 말해 봅시다.

chapter 34
교제와 인간관계

성 경 / 갈 5:14-15(p.308)
찬 송 / 250(통182), 323(통355)

> **마음 열기**

레스터 롤로프 목사는 한 수요일 저녁 예배에 잭 목사 교회에 초청을 받아 설교를 하였습니다. 다음날에 그는 오하이오주의 캔턴에서, 잭 목사는 오하이오주의 애크론에서 설교를 하기로 되어 있었습니다. 그는 자신의 개인 비행기로 함께 에크론 캔턴 공항으로 가자고 제안을 하여 함께 비행을 하게 되었습니다. 그런데 갑자기 롤로프 목사가 입술이 새파래져 말하기 시작했습니다.
"잭 목사님, 나침반이 고장이 났습니다! 지금 우리가 에리 호수 상공을 날고 있는데 연료가 얼마 남지 않았습니다! 나침반이 회복되지 않으면 호수 위에 비상 착륙을 해야 합니다!"
잭 목사가 불안한 마음에 떨리는 손으로 비행기의 계기판 위에 있는 피칸 땅콩 깡통 몇 개를 꺼내 먹고, 그 깡통을 치우자 나침판은 다시 작동하기 시작했습니다. 잘못된 장소에 놓인 작은 땅콩 깡통이 항로에서 벗어나게 한 것입니다. 하나님의 자녀가 자신과 하나님 사이에, 자신과 기도 생활 사이에 무언가를 두게 되면 우리는 곧 영적 항로에서 벗어나게 됩니다.

1. 하나님과 인간과의 관계는 십자가로 나타났습니다.

하나님은 세상을 창조하시고 사랑하셨습니다. 그러나 사탄의 계교로 인간은 죄인이 되었습니다. 하나님은 이를 회복시키기 위해서 예수님을 세상에 보내셔서 십자가에서 죽게 하셨습니다. 이것이 바로 세상을 향한 하나님의 사랑 관계입니다. 하나님의 일방적인 사랑으로 인간은 하나님과 원수된 관계를 풀 수 있었습니다. 이 모든 것이 십자가 사랑의 결과입니다.

말씀 읽기 요 3:17

2. 사랑은 최고의 인간관계입니다.

세상 사람들은 싸우면 곧 술로 화해하지만 우리 기독교인들은 술은 안하니 꽁하게 지내는 경향이 있습니다. 그러나 이것은 우리가 예수님의 사랑을 잘 이해하지 못해서 생긴 좁은 마음입니다. 예수님의 사랑이 크신 만큼 우리 기독교인들은 사랑으로 풀어 좋은 인간관계를 가져야 합니다. 먼저 화해하고 잘 지내야 합니다. 불신자라 하더라도 좋은 인간관계를 유지하여 예수님의 사랑을 전해야 합니다.

말씀 읽기 갈 1:4

3. 관계가 좋은 구역으로 만들어야 합니다.

본문에 "온 율법은 네 이웃 사랑하기를 네 자신 같이 하라 하신 한 말씀에서 이루어졌나니"(갈 5:14)라고 기록합니다.

바울은 헬레니즘의 문화가 가득한 소아시아의 중심지인 갈라디아 교회에게 예수님의 사랑을 통한 인간관계를 말하였습니다. 과학자들은 남을 용서하지 않고 분한 마음을 가진 사람이 용서하는 사람보다 더 일찍 죽는다고 말하고 있습니다. 다시 말해서 사랑이 가득한 좋은 인간관계를 가진 사람이 장수한다는 말입니다.

하나님의 속성이 선하신 만큼 우리도 선한 마음으로 좋은 인간관계를 가져야 합니다. 이것은 우리 구역을 풍성하게 하는 좋은 동기가 될 것입니다. 우리는 좋은 인간관계를 통해서 예수 그리스도의 복음을 효과적으로 전하는 세상의 소금과 빛이 되어야 합니다. 이와 같은 복음의 실천은 좋은 인간관계에서 나타난다는 것을 기억해야 합니다. 불신자들이 처음에는 사람을 보고 예수님을 믿기 때문입니다.

말씀 읽기 ▶ 마 5:13

생각 나누기

01 십자가를 통해 깨달을 수 있는 사랑은 무엇입니까?

02 좋은 인간관계에 필요한 최고의 덕목은 무엇입니까?

03 우리가 좋은 인간관계를 가질 때 얻을 수 있는 효과는 무엇입니까?

chapter 35

교제와 사랑

성 경 / 요일 3:16(p.391)
찬 송 / 88(통88), 89(통89)

마음 열기

예수님의 제자들 중에서 주님으로부터 제일 사랑을 많이 받은 사도는 요한입니다. 학자들은 그가 예수님으로부터 사랑을 받은 이유가 둘이었다고 추정합니다.

첫째는 요한이 제자들 중에서 나이가 제일 어렸다는 데 있습니다. 그는 십대(17-19세 사이)에 부름을 받았다고 합니다.

두 번째로는 그가 육신적으로 예수님 이모의 아들이었다는 데 있습니다. 요한의 어머니가 마리아의 두 번째 언니 정도였다고 학자들은 추정합니다.

이런 이유로 제자들은 무슨 문제가 생기면 간혹 요한을 통해서 예수님께 묻곤 했다고 말합니다. 베드로가 그중 질문을 제일 많이 했다고 합니다. 이를 근거로 요한은 예수님과 제자들 사이의 사랑의 다리 역할을 했다고 볼 수 있습니다. 요한은 예수님과 제자들 사이에 서로를 이해하고 거룩한 교제를 가능하게 하는 중요한 역할이었던 것입니다.

우리도 사도 요한과 같이 예수님과 친밀한 관계가 될 수 있도록 다리 역할을 해야 합니다. 사람들로 주님을 찾도록, 그리고 기도하며 그분의 뜻대로 살아갈 수 있도록 인도하고 또한 말씀 속에서 주님의 뜻을 전달하여 서로 친밀히 교제할 수 있도록 도와야 할 것입니다.

요한은 어떻게 예수님과 친밀한 관계를 맺고, 이 사랑을 나눌 수 있도록 다리 역할을 할 수 있었을까요?

1. 요한은 예수님이 이 땅에 오신 목적을 잘 알고 있었습니다.

사도 요한은 예수님과 3년을 함께 교제하였고, 80명 이상을 전도하였습니다. 또 십자가상의 예수님이 그에게 "네 모친이니라"는 말씀에 따라 평생 마리아를 모셨습니다. 그는 예수님의 사명과 사랑을 잘 알고 있었습니다.

말씀 읽기 ▶ 벧전 1:3

2. 예수님 때문에 하나님과의 교제의 길이 열렸다.

사도 요한은 본문에서 요한복음 3:16과 동일한 기록을 남겼습니다. "그가 우리를 위하여 목숨을 버리셨으니 우리가 이로써 사랑을 알고 우리도 형제들을 위하여 목숨을 버리는 것이 마땅하니라"(요일 3:16).

로마 시대에는 기독교에 대한 많은 핍박이 있었습니다. 사도 요한 자신도 도미티아누스 황제 때 밧모섬으로 귀양을 갔다가 다음 황제인 트라야누스 황제 때 에베소로 돌아왔습니다. 그는 유배지에서 계시록을 기록하였습니다. 그 시대 성도들은 목숨을 희생해 가며 서로를 숨겨 주면서까지 뜨거운 그리스도의 사랑의 교제를 나눴습니다.

말씀 읽기 ▶ 고후 6:14

3. 사랑으로 열매를 맺어야 합니다.

요한은 예수님으로부터 사랑을 제일 많이 받은 사도였습니다. 그러했기에 그는 사랑에 관해 많은 말씀을 기록하였습니다. 우리는 사랑으로 구역 교제를 잘해야 합니다. 이는 구주 예수님의 명령이십니다. 구역에 사랑이 없다면, 일반 단체 같은 모임에 지나지 않습니다. 사도들은 이 사실을 잘 알았기에, 사도신경에 '성도의 교통(교제)'이라는 어구를 넣었던 것입니다. 사랑을 받아 본 사람만이 사랑을 할 수 있다는 사실을 기억해야 합니다. 따라서 우리는 교제를 통해서 서로를 사랑해야 합니다.

말씀 읽기 ▶ 롬 16:3-4

생각 나누기

01 사도 요한이 예수님의 사명과 사랑을 잘 알았던 이유는 무엇입니까?

02 사도 요한이 강조한 형제들을 위해 목숨을 버리는 게 마땅하다는 말씀을 어떻게 실천해야 할까요? 우리가 그리스도인으로서 나눠야 할 사랑의 교제는 무엇일까요?

03 우리 구역을 사랑으로 교제하는 구역으로 만들기 위해 어떻게 해야 할까요?

chapter 36
교제와 구역 부흥

성 경 / 행 5:41-42(p.196)
찬 송 / 270(통214), 523(통262)

> **마음 열기**

성 어거스틴은 어렸을 때부터 문학에 재주가 있었고 명성도 높았지만 방탕한 생활을 했다고 합니다. 그의 어머니는 그런 그를 간곡히 만류하였지만 그는 어머니를 뿌리치고 로마로 갔습니다. 그러던 어느 날 그는 황혼에 동산을 거닐다가 어떤 소리를 들었습니다. "펴서 읽어라, 펴서 읽어라" 그의 앞에는 성경책이 있었습니다. 그는 아무 생각 없이 성경을 폈는데 로마서 13장이 펼쳐졌습니다.

"밤이 깊고 낮이 가까웠으니 그러므로 우리가 어두움의 일을 벗고 빛의 갑옷을 입자. 낮과 같이 단정히 행하며 방탕하지 말고 술취하지 말며 음란으로 호색하지 말며 쟁투와 시기하지 말며 오직 주 예수 그리스도로 옷 입고 정욕을 위하여 육신의 일을 도모하지 말라."

이 말씀을 보고 그는 무릎을 꿇었습니다. 이제는 자신의 뜻이 아닌 하나님 말씀대로 순종하며 살기로 고백한 것입니다. 이후 그는 하나님 말씀을 사랑하는 유명한 신학자가 되었습니다. 그가 쓴 『고백록』은 지금도 많은 사람들에게 사랑을 받고 있습니다.

신약에서 부흥의 시작점은 사도행전 2장입니다. 그렇다면 초대교회는 어떻게 부흥할 수 있었을까요?

1. 초대교회는 영적인 교제로 결속되었습니다.

예루살렘 초대교회는 유대교의 핍박 속에서도 강하게 움직여 나갔습니다. 사실 유대교는 무서운 존재였습니다. 유대교 지도자들은 로마 총독 빌라도를 선동하여 예수님을 십자가에 못 박아 죽이기도 하였습니다. 또 유대교 지도자들의 눈 밖에 나면 유대교에서 출교 조치를 당했습니다. 출교 조치는 곧 유대인으로서 그 땅에서 살아갈 수 없는 것을 의미합니다. 이런 불리한 상황 속에서도 초대교인들은 영적인 교제로 서로 결속해 교회의 부흥을 일구어 나갔습니다.

> **말씀 읽기** 행 6:7

2. 초대교회의 교제는 전도를 위한 것이었습니다.

성경은 "그들이 날마다 성전에 있든지 집에 있든지 예수는 그리스도라고 가르치기와 전도하기를 그치지 아니하니라"(행 5:41)고 말씀합니다.

초대교회는 교제의 중심을 전도에 맞추었습니다. 그들의 교제는 신령한 교제였습니다. 역사적으로 기독교의 부흥은 신령한 교제에서 시작되었는데 하나님이 이들과 함께하셨습니다.

말씀 읽기 요 15:5

3. 신령한 교제로 구역을 부흥시켜야 합니다.

교제가 왜 중요한 가는 한국의 선교를 통해서 깨달을 수 있습니다. 초창기 한국에 온 서양 선교사들은 서로 모여 효과적인 선교를 위해 교제하였고, 내린 결론은 지역 분할 선교였습니다. 미국의 북장로교는 서울, 경기, 황해도, 평안도를, 남장로교는 영남과 호남 지방을, 캐나다 장로교는 함경도를, 호주 장로교는 서울, 경기도를, 감리교는 강원도, 충청도, 경기도를, 침례교는 충청도를 각각 선교하기로 하였습니다. 이렇게 하여 한국에서 효과적인 선교가 이루어지게 되었습니다.

우리 구역도 효과적인 전도를 하기 위해 교제를 통해 구역 부흥에 힘써야 합니다. 그러기 위해서는 구역예배 외에도 구역기도회, 구역성경공부 등을 가져야 합니다. 또 전도 대상자를 위해 기도하고 다 같이 그들을 방문해 그룹 전도를 해야 합니다. 이것은 한 사람이 전도의 말문이 막히면 다른 전도의 말씀을 전파하는 릴레이 전도 방법입니다.

말씀 읽기 요 7:28

생각 나누기

01 초대교회의 부흥을 가져온 결속은 어떻게 가능했을까요?

02 초대교회가 가졌던 전도의 열정은 어느 정도였을까요?

03 교회와 구역에서 가져야 할 신령한 교제를 이야기해 봅시다.

VII

생활하는 구역

chapter 37 **생활과 신앙**

chapter 38 **생활의 열매**

chapter 39 **생활의 성화**

chapter 40 **생활의 진실**

chapter 41 **생활과 전도**

chapter 42 **생활과 구역 부흥**

chapter 37
생활과 신앙

성 경 / 말 3:10(구약 p.1330)

찬 송 / 342(통395), 442(통499)

마음 열기

삼성그룹의 고 이병철 회장 모친은 기독교 권사였습니다. 그 모친은 일제 시대에 새우젓 장수 출신으로 이 골목 저 골목 다니며 "새우젓 사이소! 에-, 새우젓 사이소!"라고 외치고 다녔습니다. 그 모친은 이렇게 장사를 하면서 하나님께 십일조 생활을 꼭 하였습니다. 그 결과 복을 받아 그 권사의 아들이 한국의 제일 가는 부자가 되었고 한국 경제의 위대한 견인차 역할을 하였습니다. 그 모친은 장수하였고 모친의 소천 후 십수년 안팎 사이에 이 회장이 고인이 되었습니다.

기독교 신앙생활의 근본은 바로 십일조 생활에서 시작됩니다. 십일조 없는 신앙생활은 복과는 상관이 없게 되어 타인과 불신자의 모범이 되지 못합니다.

1. 십일조는 율법 이전부터 있어 온 하나님과의 언약입니다.

잘못된 사람들은 십일조 생활은 불필요하다고 하지만 그것은 성경과 다른 인간적인 생각입니다.
율법이 계시되기 육백여 년 전에 믿음의 조상 아브라함은 예루살렘의 제사장 멜기세덱에게 십일조를 드렸습니다. 유대인들은 예수님을 십자가에 못 박아 죽여 저주를 받았지만, 그들은 어디를 가든지 하나님께 꼭 십일조를 드렸습니다. 하나님은 그들을 기억하셨습니다.

말씀 읽기 창 14:20

2. 말라기는 십일조를 강조하였습니다.

말라기는 구약 시대의 마지막 선지자입니다. 그는 70년간의 바벨론 포로의 생활을 마치고 돌아온 시기에 활동하였는데, 유대 백성들이 잊은 말씀을 상기시켰습니다. 그것은 바로 십일조였습니다. 십일조는 하나님의 것이기에 하나님의 백성은 마음을 다해 드려야 했습니다. 말라기는 온전한 십일조를 바쳐 하나님을 기쁘게 하라고 말하였습니다.

말씀 읽기 히 7:1-3

3. 하나님은 십일조를 말씀하며 오히려 이를 시험해 보라고 하셨습니다.

성경은 하나님을 시험하지 말라고 하셨지만 본문은 예외로 시험해 보라고 말씀합니다.

"나의 집에 양식이 있게 하고 그것으로 나를 시험하여 내가 하늘 문을 열고 너희에게 복을 쌓을 곳이 없도록 붓지 아니하나 보라."

이는 하나님의 선언적인 말씀입니다. 우리는 먼저 하나님의 말씀에 순종함으로써 온전한 하나님 백성으로 살아가야 합니다.

말씀 읽기 마 4:7

생각 나누기

01 우리가 하나님께 십일조를 드려야 하는 이유는 무엇입니까?

02 십일조가 신앙생활에서 의미하는 바는 무엇입니까?

03 십일조 생활이 복 받는 길임을 어떻게 알 수 있을까요?

Ⅶ. 생활하는 구역

chapter 38
생활의 열매

성 경 / 눅 3:12-14(p.92)
찬 송 / 260(통194), 508(통270)

마음 열기

미국의 영화배우인 '찰톤 헤스톤'은 원래는 불신자였습니다. 그는 벤허, 십계 등의 기독교 영화 주연을 맡았습니다.

그는 1950년대 말에 시내산에서 십계 영화 촬영을 하게 되었습니다. 그는 시내산 기슭, 중봉, 그리고 상봉에서 대낮에 모세의 환상을 보게 되었습니다. 그가 분장을 하고 베두인(미디안 족속)을 이끌고 출애굽 하는 장면을 찍을 때, 모세로 분장한 그를 본 베두인들은 '모세다!'라고 외쳤다고 합니다.

이 영화 촬영 후, 그는 기독교 신자가 되었습니다. 하나님은 사람들을 여러 모양으로 부르신 후, 사람들을 변화시켜 당신의 사역자로 삼으십니다.

1. 세례 요한은 생활의 개혁을 외쳤습니다.

유대에서 세례 요한의 출현은 대단한 사건이었습니다. 그는 회개하라고 외치며 생활의 변화를 강조하였습니다. 요한은 유대인들의 마음을 찔렀습니다. 그 소리를 듣고 요한에게 몰려 온 두 그룹이 있었습니다. 그들은 바로 세리와 군인들이었습니다. 세리는 과징한 세액에서 상당한 금액을 착복하였고, 군병들은 서민들에게 강포하였습니다. 그러니 회개하라고 외치는 요한의 말이 그들의 심령을 찔렀던 것입니다.

말씀 읽기 요 8:11

2. 요한은 올바른 생활을 제시하였습니다.

세리들이 세례 요한에게 "선생이여 우리는 무엇을 하리이까"라고 묻자, "부과된 것 외에는 거두지 말라"고 제시하였습니다. 또한 군병들이 와서 요한에게 "우리는 무엇을 하리이까"라고 묻자, "사람에게서 강탈하지 말며 거짓으로 고발하지 말고 받는 급료를 족한 줄로 알라"고 제시하였습니다. 이는 요한 당시의 관리들의 생활이 엉망이었음을 의미합니다. 유대는 하나님의 말씀대로 살아야 했지만 그 생활은 성경적이지 못했기 때문입니다.

말씀 읽기 마 3:9

3. 우리는 생활의 열매를 맺어야 합니다.

기독교인들은 신앙생활의 열매를 맺도록 노력하고 기도해야 합니다. 우리는 기독교인들로서 사회를 변화시켜야 합니다. 선교사들이 우리나라에 와서 당시 악습이던 생활 관습을 지적하였습니다. 사람들이 그리스도인이 되자 그들은 선교사들의 가르침에 따라 거룩한 가정을 이끌었고 사회에 본이 되었습니다. 이를 본 많은 사람은 그리스도인들을 칭찬하였고 변화와 선교에 앞장설 수 있었습니다.

말씀 읽기 갈 5:22-26

생각 나누기

01 세례 요한이 외친 말씀이 당시에 끼쳤을 영향은 어떠했을까요?

02 오늘 하나님 말씀대로 살지 못하는 것이 무엇이 있는지 나누어 봅시다.

03 우리는 구역에서 생활의 열매를 맺기 위해 해야 할 구체적인
방안을 서로 말해 봅시다.

chapter 39
생활의 성화

성 경 / 잠 12:12-13(구약 p.922)
찬 송 / 197(통178), 523(통262)

> 마음 열기

손양원 목사님은 한국의 갈릴리, 전라남도가 낳은 세기적인 기독교의 성자였습니다. 여수 반란 사건 때, 자기 두 아들을 죽인 고등학생을 양자로 삼았습니다. 여기에는 손양원 목사님이 토벌군 사령관을 감동시킨 기막힌 역사적인 기독교 예화가 있었습니다.

청일전쟁 때, 일본군에 패한 청국의 이홍장 군대가 요동반도를 지나게 되었습니다. 그 부근에 영국인 의사 제임스 와이리 선교사가 운영하는 조그만한 의원이 있었는데, 이홍장은 그에게 부상병 수천 명을 치료하라고 윽박질렀습니다. 그 선교사는 그에게 자기 혼자서는 불가능한 일이라고 대답하였습니다. 화가 난 이홍장은 그 선교사 의사를 즉각 총살하였습니다.

이 비운의 소식이 런던의 그 선교사 아버지에게 알려졌습니다. 그 아버지는 런던에서 유명한 변호사였는데, 주위에서는 청국을 상대로 재판을 하면 엄청난 배상금을 받을 수 있다고 조언하였습니다. 그 당시 청국은 아편전쟁 패전 직후라 얼마든지 배상금을 받아낼 수 있었으나 그 아버지는 거절하였습니다. 그는 재산을 드려 자기 아들의 숭고한 순교를 기리기 위해 북경에다 중국 최초의 그 유명한 '협화의과대학'을 세웠으니, 이 대학이 지금의 북경의대입니다.

여수 지역 국군 사령관은 사랑의 성자 손양원 목사님의 이 말씀을 듣고 감동을 받아 손 목사님의 두 아들을 순교시킨 원수를 풀어 주었습니다. 손 목사님은 그 학생을 자기의 양자로 삼았습니다. 아가페의 사랑의 사건이 또 다른 아가페의 사랑을 만들어 냈던 것입니다.

1. 하나님은 사랑입니다.

하나님은 사랑이시며 그 사랑의 실천으로 예수님이 지상에 오셨습니다. 예수님은 십자가에서 죽으심으로써 사랑을 완성하셨습니다. 사랑이 없는 기독교는 의미를 잃고 맙니다. 믿음의 결국이 사랑이기 때문입니다. 예수님의 십자가의 죽음을 직접 목격한 초대 기독교인들은 사랑의 실천자들이었습니다. 이는 현대 기독교인들에게 시사하는 바가 큽니다.

말씀 읽기 ▶ 계 2:4

2. 생활을 성화해야 합니다.

지혜의 대왕 솔로몬은 생활이 의로울 것을 말합니다. "악인은 불의의 이익을 탐하나 의인은 그 뿌리로 말미암아 결실하느니라"고 기록합니다. 예수님을 믿고 거듭난 우리는 의인이기에 믿음의 행위를 가져야 합니다. 교회 밖인 사회, 직장, 동네 등에서 생활의 성화로 세상의 소금과 빛이 되어야 합니다. 한국에서는 교회 내에서는 사랑이 있는데 교회 밖에서는 사랑이 없다는 부끄러운 말이 있습니다.

말씀 읽기 ▶ 마 14:13

3. 구역생활을 성화시켜야 합니다.

조직신학에서 구원의 서정 중 성화는 구원의 완성 단계에 이르는 거룩한 상태를 말합니다. 우리는 우리의 구역을 거룩하게 만들어야 합니다. 그 힘은 바로 우리의 생활에서 나옵니다. 생활이 살아 있는 자는 그 신앙이 살아 있습니다. 아무리 성경을 많이 알고, 기도를 많이 한다 해도 사랑의 실천이 없으면 죽은 신앙입니다. 우리는 오직 예수님을 본받아서 생활의 성자가 되어야 합니다. 말로만의 기독교 성도가 아닌 행함의 기독교 성도가 되어야 합니다. 세상 사람들은 우리의 행실을 보고 예수님을 영접합니다. 구역 부흥과 영혼 구원은 우리에게 달려 있습니다.

말씀 읽기 　 약 2:17

생각 나누기

01　예수님은 무엇을 통해 사랑을 완성하셨습니까?

02　세상 사람들이 그리스도인들을 향해 손가락질하는 이유는 무엇입니까?

03　우리는 그리스도 안에서 거듭난 사람으로서 세상에서 어떻게 행동해야 할까요?

chapter 40
생활의 진실

성 경 / 엡 4:22-24(p.314)

찬 송 / 382(통432), 570(통453)

> 마음 열기

6.25 전쟁 때였습니다. 많은 사람이 제주도로 피난을 갔습니다. 전쟁이 끝나고 평화가 찾아오자 뭍으로 건너가게 되었습니다. 수송선이 빈약한 정부는 국민을 다 일시에 수송할 수 없었습니다. 그래서 정부는 군인 가족, 경찰 가족, 공무원 가족들을 우선 뭍으로 수송한다는 포고령을 발표했습니다. 그때 한 군인 가족 성도가 신촌성결교회 고 이성봉 목사님께 군인 가족이라고 말하고 같이 배를 타고 서울로 돌아가자고 제의했습니다. 그러나 이성봉 목사님은 그것은 거짓말이니 나는 그렇게 할 수 없다고 거절했습니다. 이 목사님은 그 후 늦게 자기 순서에 따라 뭍으로 건너가셨습니다.

우리는 기독교인으로서 생활 속에서 진실하지 못한 경우가 있습니다. 만약 당장의 이익을 위해 쉽게 거짓을 행하게 된다면 분명 주님의 복음이 가려질 것입니다.

1. 옛 사람에서 벗어나야 합니다.

옛 사람은 예수님을 믿기 이전의 구원받지 못한 사람의 상태를 말합니다. 우리 기독교인들은 가끔 옛 사람의 모습으로 돌아갈 때가 있습니다. 그래서 세상 사람들과 똑같이 싸우고 속이며, 법원에 가기도 합니다. 이와 같은 모습을 교회 안에서 보이기도 하는데 이런 옛 사람의 구습에서 벗어나야 합니다. 성경은 "너희는 유혹의 욕심을 따라 썩어져 가는 구습을 따르는 옛 사람을 벗어 버리고 오직 너희의 심령이 새롭게 되어 하나님을 따라 의와 진리의 거룩함으로 지으심을 받은 새 사람을 입으라"라고 말씀합니다.

> **말씀 읽기** 빌 3:19

2. 거듭난 사람의 모습을 가져야 합니다.

예수님을 믿고 거듭난 사람으로서 우리는 자연인과 다르게 살아야 합니다. 바울은 바리새인으로서 기독교인들을 감옥에 보내는 어리석은 짓을 일삼아 왔었습니다. 그러나 다메섹 도상에서 예수님을 만난 후, 그는 거듭났고 예수님의 복음을 위해 일생을 바쳤으며 순교로 생을 마쳤습니다. 바울은 우리에게 거듭난 사람의 참모습을 보여 주었습니다.

> **말씀 읽기** 요 3:3

3. 우리는 생활이 진실한 구역원이 되어야 합니다.

구역의 발전은 우리 구역원의 진실된 생활에 달려 있습니다. 우리는 예수님의 이름과 하나님의 영광을 위해 진실된 생활을 해야 합니다. 이것은 우리의 노력이 아닌, 예수님의 믿음과 성령의 능력으로 거듭날 때 이루어집니다. 예수님은 이런 놀라운 사실을 니고데모에게 말씀하셨습니다. 우리의 거듭난 진실된 삶을 본 이웃들은 저절로 주님을 믿고 주님 앞에 나아가게 될 것입니다.

말씀 읽기 요 3:5

생각 나누기

01 우리에게 남아 있는 옛 사람의 모습은 무엇입니까?

02 거듭난 모습으로 산다는 것은 무엇을 의미합니까?

03 우리가 예수님의 이름과 하나님의 영광을 위해 진실되게 살 때 무슨 일이 일어나게 될까요?

Ⅶ. 생활하는 구역

chapter 41
생활과 전도

성 경 / 딤전 6:9-10(p.342)
찬 송 / 496(통260), 505(통269)

> **마음 열기**

미국에 나이아가라라는 폭포가 있습니다. 이 폭포 상류에는 양을 키우는 목장이 있습니다. 그런데 홍수가 나면 가끔 죽은 양의 사체들이 떠내려온다고 합니다. 이때 까마귀들이 양의 사체 위에 내려앉아 폭식하기 시작한다고 합니다. 그러나 실컷 먹은 까마귀에게 불행한 일이 일어나게 된다고 합니다. 까마귀의 발은 화살표 같은 세 갈래로 되어 있는데, 이 발에 물에 젖은 양털이 휘감아져 버리게 되어, 결국 까마귀가 날지 못하고, 물먹은 양의 사체에 붙잡혀 결국은 양의 사체와 함께 나이아가라 폭포에서 떨어져 죽고 마는 것입니다.

우리는 눈앞의 이익에 눈이 멀어서는 안 됩니다. 그렇게 되면 우리 역시 까마귀같이 죽음의 낭떠러지로 떨어지게 될 것입니다.

1. 생활을 통해 전도해야 합니다.

현대인들은 물질에 집착합니다. 이는 자본주의에 대한 잘못된 오해 때문입니다. 자본주의는 스위스 종교개혁자 존 칼빈 목사님에 의해 시작되었습니다. 칼빈은 스위스 제네바에서 하나님의 주권 국가를 세우고자 천주교 교황이 보낸 자객의 칼을 피해 가며 근대 국가를 세웠습니다. 그는 장로교를 세웠으며, 사람들은 하나님의 영광을 위해 열심히 노동하여 돈을 벌어야 한다고 가르쳤습니다. 돈을 벌면 은행을 세워 가난한 자들에게 돈을 대출하여 그들도 잘 살 수 있도록 해야 한다고 가르쳤습니다. 이것이 바로 자본주의의 시작이 되었습니다.

말씀 읽기 살후 3:14

2. 올바른 물질관을 가져야 합니다.

어느 시대든지 물질은 절대적인 필요조건입니다. 그래서 사람들은 물질을 벌기 위해서 큰 수고를 해 왔습니다. 그러나 반드시 물질이 인생의 전부는 아닙니다. 하지만 사람들은 함정에 빠져 하나님도, 믿음도 잃어버리곤 합니다. 사도 바울은 "돈을 사랑함이 일만 악의 뿌리가 된다"(딤전 6:10)고 하였습니다. 우리 그리스도인들은 건전한 물질관을 가져야 합니다. 건전한 물질관에서 건전한 생활이, 그리고 전도의 길이 열리게 됩니다. 분명한 점은 하나님을 경외하게 될 때 하나님이 물질의 복도 허락하신다는 사실입니다.

말씀 읽기 창 12:2

3. 생활의 전도로 구역을 부흥시켜야 합니다.

불신자들은 돈이 인생의 전부라고 여기기 때문에 물질에 집착하고 있습니다. 우리는 세상의 창조주이신 하나님을 소개하며 바른 물질관을 소개해야 합니다. 우리가 바른 물질관을 가질 때 생활의 전도도 가능하며 전도의 열매를 얻게 됩니다. 우선은 우리가 바른 물질관 가운데 하나님께 복을 받는 것이 중요합니다. 불신자들이 우리의 삶을 보고 주님께 나아올 수 있게 될 것입니다.

말씀 읽기 신 28:1

생각 나누기

01   우리가 하나님의 자녀로서 가져야 할 바른 물질관은 무엇입니까?

02   우리가 바른 물질관을 가지고 생활할 때 우리 주위에 어떤

일이 일어나게 될까요?

03 생활을 통한 전도를 구역에 적용하기 위해 우리는 어떻게 해야 할까요?

chapter 42
생활과 구역 부흥

성 경 / 행 16:30-31(p.216)
찬 송 / 261(통195), 419(통478)

마음 열기

영국 옥스퍼드 대학교에 재학 중이던 한 학생이 하나님의 부르심을 받고 아프리카로 선교를 떠나기로 결심했습니다. 그를 아끼던 지도 교수는 말하였습니다. "자네는 탁월한 재능을 가지고 있어. 왜 학업을 포기하고 아프리카로 떠나려 하지? 그곳에서 선교하다가는 1년 내에 죽게 될지도 몰라. 미친 짓이야."

그는 주위의 반대에도 불구하고 아프리카로 뛰어들었고 끝내 원주민들의 손에 죽고 말았습니다. 그는 선교 활동 중 자신의 스승에게 이렇게 편지를 남겼다고 합니다.

"저는 아프리카 선교가 커다란 다리를 건설하는 것과 같다고 생각합니다. 교량의 기초를 다지기 위해서는 비록 보이지는 않지만 땅속에 얼마나 많은 돌을 묻어야 하는지 교수님도 잘 아실 것입니다. 만일 그리스도께서 저에게 아프리카의 땅속에 묻는 이름 없는 하나의 돌이 되기를 원하신다면 저는 기쁜 마음으로 그렇게 할 것입니다. 저는 아프리카의 땅 위에 복음의 열매가 맺힐 것을 확신합니다."

사도 바울의 선교로 세계 역사가 바뀌게 되었습니다. 그의 희생과 헌신으로 세계의 중심에 하나님의 말씀이 심겨졌기 때문입니다. 바울은 어떻게 그 사명을 감당하게 되었을까요?

1. 바울은 시험을 이겼습니다.

바울은 빌립보 선교에 앞서 먼저 하나님께 기도하려고 교외의 기도처로 다니다가 한 귀신 들려 점을 치는 소녀를 만났습니다. 그가 그 소녀의 귀신을 쫓아내주자 수입이 끊기게 된 주인이 바울을 로마군에게 고발하였습니다. 바울은 체포되어 매를 맞았고 깊은 지하 감옥에 갇혔습니다. 바울과 실라는 감옥에서 찬송을 불렀는데, 갑자기 지진이 나서 옥터가 흔들리고 옥문이 열렸습니다. 놀란 로마군 간수가 자결을 하려고 하자, 바울이 그에게 "네 몸을 상하게 하지 말라"고 외쳤습니다.

말씀 읽기 ▶ 마 5:12

2. 바울은 고난 중에도 전도했습니다.

사도 바울은 로마 시민권자였습니다. 만일 로마군이, 장교라고 해도, 로마 시민권자를 이유 없이 매질을 하거나 감옥에 가두면 처벌을 받습니다. 자살하려고 한 로마군이 바울의 인자한 행동에 감동을 받고 선생들아 내가 어떻게 하여야 구원을 얻으리이까라고 말하였습니다. 이때 바울이 말하였습니다.

"주 예수를 믿으라 그리하면 너와 네 집이 구원을 받으리라"(행 16:31).

로마군은 바울의 겸손과 그가 로마 시민권자임을 알고 그를 대우해 주었습니다. 로마군은 바울과 그의 일행을 자기 집에 데려다가 대접한 후, 주 예수님을 믿게 되었습니다. 이것이 바로 빌립보 교회의 시작이었습니다. 그의 유럽 선교는 예수님과 같은 채찍질의 고통과 함께 시작되었다고 할 수 있습니다.

▎말씀 읽기 ▶ 막 10:45

3. 전도의 생활화로 구역을 부흥시켜야 합니다.

불신자 전도에는 고난이 따를 수 있습니다. 따라서 우리는 고난을 각오해야 합니다. 바울은 고난 중에도 빌립보 전도에 매진하였고 이로써 전 세계가 복음화될 수 있었습니다. 전도는 우리의 사명이요, 할 일입니다. 우리가 구역을 부흥시키면 하나님 나라가 확장하게 될 것입니다.

▎말씀 읽기 ▶ 계 1:3

> 생각 나누기

01 바울이 인내한 고난은 무엇입니까?

02 바울은 왜 로마 시민권자의 권위를 사용하지 않고 고난을 온전히 받았을까요?

03 우리가 각오해야 할 삶에서의 전도는 어떤 것일가요?

VIII

사랑하는 구역

chapter 43　**사랑과 성도**

chapter 44　**사랑과 이웃**

chapter 45　**사랑과 불신자**

chapter 46　**사랑의 의미**

chapter 47　**사랑과 전도**

chapter 48　**사랑과 구역 부흥**

chapter 43
사랑과 성도

성 경 / 눅 6:35-36(p.99)
찬 송 / 325(통359), 550(통248)

마음 열기

미국 남장로교 선교사들이 세운 전주 예수병원에서 있었던 일입니다. 과거 가난하던 60년대에 예수병원에서 갑자기 안구가 필요하게 되었습니다. 그래서 신문에다 안구를 구한다는 광고를 내었습니다. 한참 후에 어떤 시골의 노인이 안구 하나를 팔겠다고 찾아왔습니다. 병원에서는 가족 동의서를 받아 수술을 하게 되었습니다. 수술 직전에 미국 의사인 선교사가 환자에게 물었습니다. "당신은 왜 안구를 팔려고 합니까?" 그 노인은 수술대에서 이렇게 대답했습니다. "예, 저는 이 안구를 팔아 예배당 건축헌금으로 바치려고 합니다." 그 말을 들은 선교사는 감탄하여 수술을 취소했습니다. 그리고 이 사실을 병원 본부에 알렸습니다. 이 소식을 들은 미국 남장로교 선교부는 그 교회에 건축헌금을 하여 교회를 완공할 수 있었습니다. 한 성도의 희생 정신으로 그 교회는 건축을 잘 마쳤습니다. 이 모든 일은 주님을 사랑하는 뜨거운 마음에서 나왔던 것입니다.

1. 예수님은 원수를 사랑하라고 말씀하셨습니다.

유대교의 율법에는 보복과 복수가 존재합니다. 당한 대로 반드시 복수해야만 합니다. 그런데 예수님은 사랑을 말씀하시며 원수까지라도 사랑하라고 하셨습니다. 이러한 예수님의 가르치심은 모든 유대인에게 충격이 되었습니다. 이제까지 이스라엘 땅에 이런 가르침이 없었기 때문입니다. 원수를 사랑한다는 말은 상상할 수 없는 일이었습니다.

말씀 읽기 ▶ 막 15:34

2. 사랑은 천국의 상급을 받게 합니다.

예수님은 "오직 너희는 원수를 사랑하고 선대하며 아무것도 바라지 말고 꾸어 주라 그리하면 너희 상이 클 것이요 또 지극히 높으신 이의 아들이 되리니 그는 은혜를 모르는 자와 악한 자에게도 인자하시니라"(눅 6:35)라고 말씀하셨습니다. 우리는 사랑이 천국의 최고의 상급이라는 것을 기억해야만 합니다. 사람은 남을 대접할 때 자기 역시 받고자 하는 기대 심리가 있습니다. 하지만 예수님은 바라지 말고 주라고 하십니다. 아무도 모르게 사랑하는 자는 '지극히 높으신 자'이신 지존자 하나님의 아들이 되는 복을 받게 됩니다.

말씀 읽기 ▶ 요일 3:1

3. 사랑의 구역으로 만들어야 합니다.

역사가 흘러가면서 교회에 나타나는 가장 취약한 점은 예수님이 에베소 교회에 하신 말씀인 사랑이 없는 냉혹함입니다. 이는 현대 한국교회에서도 찾아볼 수 있습니다. 기독교인들이 매너리즘에 빠지면 냉혹하게 변할 수 있다는 것을 염두에 두어야 합니다. 사람은 하나님의 형상대로 창조된 만큼 사랑의 실천자가 되어야 합니다. 우리의 구역을 사랑의 구역으로 만들어야 합니다.

말씀 읽기 ▶ 창 1:26

생각 나누기

01 원수를 사랑하라는 예수님의 말씀을 오늘날 적용해 보면 일상의 삶에서 어떻게 행동해야 할까요?

02 우리가 사랑을 실천할 때 바라보아야 할 상급은 어디에 있습니까?

03   우리가 사랑으로 구역을 만들어야 하는 이유는 무엇입니까?

chapter 44
사랑과 이웃

성 경 / 마 5:43-44(p.7)
찬 송 / 197(통178), 338(통364)

> **마음 열기**

지난 70년대 중반부터 연예인들이 기독교 신자가 되기 시작했습니다. 고 후라이 보이 곽규석 목사, 구봉서 장로 등이 다 그런 예입니다. 이 두 분이 동료 연예인인 코메디언 배삼룡 씨를 전도하려고 했지만 실패했습니다. 그가 친구들의 권고에도 불구하고 예수님을 믿지 않은 이유는 어려운 시절의 큰 방 여주인 때문이었다고 합니다. 젊은 시절 가난한 배삼룡 씨는 한 권사 집에 세 들어 살았는데, 그 집 주인 권사가 자기 집에서 지독한 셋방살이를 시켰다고 합니다. 그때부터 그는 교회라고 하면 고개를 살래살래 젓게 되었다고 합니다. 물론 그 집 주인 권사에게도 상당한 이유가 있을 것입니다. 그러나 분명한 사실은 그 권사가 사랑을 베풀지 못했다는 점입니다. 세상 사람들은 기독교인들이 사랑을 베풀기를 은근히 기대하고 있습니다. 그들이 기대를 걸든 말든 기독교인들은 이웃을 사랑해야 합니다.

1. 구약성경도 이웃 사랑을 말하고 있습니다.

구약에는 율법만 있는 것이 아닙니다. 구약에도 하나님의 사랑과 이웃 사랑이 있습니다. 하나님의 사랑과 인간에 대한 사랑은 모든 시대를 초월합니다. 하나님은 그 시대에도 사랑을 통해서 하나님의 섭리를 펴 나가셨습니다. 다윗 왕은 자기를 죽이려고 했던 사울 왕을 얼마든지 죽일 기회가 있었지만 모두 하나님께 맡기고 그를 용서했습니다.

> **말씀 읽기** ▶ 시 51:17

2. 예수님은 진정한 사랑을 말씀하셨습니다.

구약 시대에는 이웃 사랑과 동시에 원수를 미워하라는 가르침도 있었습니다. 그들은 아는 자, 사랑하는 자에게만 사랑을 베푸는 이기적인 사랑을 베풀었습니다. 그러나 예수님의 가르침은 그들과 달랐습니다. 예수님은 "또 네 이웃을 사랑하고 네 원수를 미워하라 하였다는 것을 너희가 들었으나 나는 너희에게 이르노니 너희 원수를 사랑하며 너희를 박해하는 자를 위하여 기도하라"(마 5:43-44)라고 말씀하셨습니다. 예수님은 십자가에서 죽으시면서 당신을 십자가에 못 박은 사두개인들을 원망하지 않으셨고, 그들을 위해 하나님께 용서를 구했습니다. 이것이 진정한 사랑입니다.

> **말씀 읽기** ▶ 마 7:13

3. 이웃을 사랑해야 합니다.

사랑은 실재적이고 구체적이어야 합니다. 배고픈 자에게 빵을 주고, 병든 자에게는 치료를 받도록 해야 합니다. 어려운 이웃을 절대로 외면해서는 안 됩니다. 이웃을 사랑하되, 끝까지 사랑해야 합니다. 말로만 하는 사랑은 위선입니다. 가난한 이웃, 병든 이웃을 도와야 합니다. 교회 부흥은 사랑에서 시작됩니다. 따라서 우리는 구역을 사랑의 실천 장소로 만들어야 합니다. 구역원의 사랑의 실천에 기독교의 미래가 달려 있습니다.

말씀 읽기 눅 16:25

생각 나누기

01 다윗 왕은 사랑을 어떻게 실천했습니까?

02 예수님이 십자가에서 베푸신 사랑은 어떠했습니까?

03 우리 구역에서 실질적으로 베풀 수 있는 이웃 사랑은 무엇입

니까?

chapter 45
사랑과 불신자

성 경 / 요 8:9-11(p.158)

찬 송 / 183(통172), 220(통278)

> **마음 열기**

맥스 루케이도의 '토비아스의 우물' 이야기입니다. 사막 가운데 한 마을이 있었습니다. 하지만 이들은 물 걱정이 없었습니다. 우물의 주인 토비아스가 물을 거저 주었기 때문입니다. 어느 날 토비아스는 아들과 함께 먼 길을 떠나며 하인에게 '누구에게든지 물을 거저 주라'고 명령해 두었습니다. 처음에 하인은 모든 사람에게 물을 주었지만, 얼마 있지 않아 감사를 표현하는 사람에게만 물을 주었습니다. 시간이 흐르자 그는 자기에게 잘 보이는 사람에게만 물을 주었습니다. 주민들은 하인에게 잘 보이고자 안간힘을 썼습니다. 그러던 어느 날 우물가에 주인의 아들이 나타났습니다. 그는 하인을 꾸짖고 주민들에게 예전처럼 마음껏 물을 가져가라고 했습니다. 주민들은 나쁜 짓을 한 하인에게 물을 주지 말아 달라고 요청했습니다. 하지만 아들은 "하인에게도 물을 주는 것이 아버지의 뜻입니다"라며 하인을 용서하였습니다. 하나님은 우리에게 많은 책임을 맡기셨습니다. 주님과 같이 용서를 실천하며 하나님과 같이 사랑을 베풀어야 할 것입니다.

어느 날 예수님이 예루살렘에 머물고 계실 때, 유대교 지도자들은 예수님을 시험하기 위해 간음하다가 현장에서 잡힌 여자를 끌고 왔습니다. 모세의 율법에 의하면 돌로 치는 형을 받아야 했습니다. 그렇다면 남자도 데리고 와야 하는데 그들은 가련한 여자만 데리고 왔습니다. 이는 그들의 마음이 처형보다는 예수님을 시험하기 위함이었음을 알 수 있습니다.

1. 율법은 형벌을 의미합니다.

사람은 율법을 모두 지킬 수 없습니다. 따라서 율법의 종이 될 수밖에 없습니다. 현장에서 잡힌 이 여성은 돌로 치는 가혹한 율법의 처형을 받아야 했습니다. 유대교 지도자들은 득의양양한 험악한 얼굴로 예수님을 압박하였습니다. 만약 예수님이 율법을 존중한다면 그들의 요구를 들어주어야 했습니다.

> **말씀 읽기** 히 7:12

2. 유대교 지도자들은 율법으로 예수님을 시험하였습니다.

유대교 지도자들은 예수님께 다음과 같이 물었습니다.

"선생이여 이 여자가 간음하다가 현장에서 잡혔나이다 모세는 율법에 이러한 여자를 돌로 치라 명하였거니와 선생은 어떻게 말하겠나이까"(요 8:4-5).

만일 여자를 살려 주라 하면 그들은 예수님을 '율법의 배신자'라고 낙인찍을 것입니다. 반대로 여자를 죽이라 하면 예수님을 '잔인하다'고 비난하여 곤경에 빠뜨릴 것입니다. 위기 가운데 예수님은 "너희 중에 죄 없는 자가 먼저 돌로 치라"(요 8:7)고 하셨습니다. 예수님의 말씀이 예수님이 계시는 광장의 사람들 사이에 퍼져 갔습니다. 곧 유대교 지도자들과 대중들은 어른으로부터 젊은이에 이르기까지 모두 돌을 땅바닥에 놔두고 사라져 버렸습니다. 의기양양했던 사람들은 다 가버리고 예수님과 그 여자만 남게 되었습니다.

말씀 읽기 ▶ 요 5:30

3. 예수님은 용서를 보여 주셨습니다.

모두 떠나고 예수님과 그 여자만 남게 되자, 예수님은 그녀에게 말씀하셨습니다.

"나도 너를 정죄하지 아니하노니 가서 다시는 죄를 범하지 말라"(요 8:11).

예수님은 율법의 정죄를 하지 않으시고 복음의 용서를 하셨습니다. 이것이 바로 복음의 진수입니다. 우리는 예수님의 사랑을 깨닫고 불신자를 그리스도에게로 인도해야 합니다. 용서는 사랑에서 나옵니다.

말씀 읽기 ▶ 눅 16:32

생각 나누기

01 예수님은 율법의 잔인한 시험을 어떻게 이길 수 있었을까요?

02 예수님이 보여 주신 용서의 근원은 무엇입니까?

03 우리는 어떻게 용서를 실천할 수 있을까요?

chapter **46**

사랑의 의미

성 경 / 요 21:17(p.186)
찬 송 / 280(통338), 419(통478)

> **마음 열기**

네덜란드의 유명한 화가 '램브란트'는 예수님이 십자가에 못 박히시는 장면을 화폭에 담았습니다.

그는 먼저 예수님을 그린 다음 그 주변에 예수님을 죽이라고 소리치며 그분을 십자가에 못 박는데 동조하는 군중들을 그렸습니다. 그런데 그 군중들 가운데 한 사람을 자기 얼굴로 그렸습니다. "이 군중 가운데 내가 있다. 내가 바로 예수님을 십자가에 못 박아 죽인 장본인이다."라는 사실을 그림으로 표현한 것입니다. 그는 하나님께 무릎 꿇고 기도했다고 합니다.

"하나님, 제가 예수 그리스도를 못 박았습니다. 제가 예수를 못 박는 이 무리들과 한패가 되었습니다."

그리고 그는 기록하였습니다.

"나는 걷잡을 수 없는 슬픔을 가지고 대성통곡을 했노라."

그리스도의 사랑을 경험한 사람은 자신의 진정한 모습을 깨닫게 됩니다.

1. 예수님은 제자들을 사랑하셨습니다.

제자들은 예수님의 부활의 모습을 보았지만 아직 담대히 복음을 향해 나아가지 못하고 생업을 위해 모두 갈릴리 바다로 나아갔습니다. 그들은 밤이 새도록 그물을 던졌지만 전혀 물고기를 잡지 못했습니다. 동이 틀 무렵 예수님이 그들을 찾아오셨습니다. 그들은 예수님의 도움으로 153마리의 고기를 잡았고, 곧 주님을 알아보게 되었습니다. 예수님은 이들과 같이 거룩한 조반을 드셨습니다.

말씀 읽기 ▶ 눅 24:39

2. 예수님은 사랑을 강조하셨습니다.

예수님이 베드로에게 "네가 나를 사랑하느냐?"고 물으셨을 때, 그는 "주를 사랑하나이다"라고 대답하였습니다. 이때 주님이 사랑으로 사용하신 단어는 '아가페'였습니다. 이는 거룩하고 무조건적인 사랑을 의미합니다.

하지만 베드로는 그 물음에 대답할 수 없었습니다. 그가 예수님을 배반하였었기에 고개를 들 수 없었습니다. 베드로는 친구 간의 우애와 우정을 뜻하는 '필리아'로 답을 했습니다. 예수님은 반복해서 물으셨고, 베드로는 동일하게 대답하였습니다. 세 번째로 주님은 그의 눈높이에 맞춰 '필리아'로 물으셨고 베드로도 '필리아'로 대답하였습니다. 예수님은 있는 그대로의 그를 인정해 주셨던 것입니다. 예수님은 그의 고백을 받아 주셨습니다.

말씀 읽기 요 20:19-31

3. 예수님의 사랑은 현실적이었습니다.

예수님의 사랑을 누가 모방할 수 있겠습니까? 오직 하나님만이 아가페의 사랑을 하실 수 있을 뿐입니다. 이런 예수님은 당신의 사랑의 수준을 낮춰 베드로에게 사랑을 말씀하셨습니다. 하나님의 독생자 예수님은 아가페의 사랑으로 돌아가셨습니다. 이것이 바로 십자가의 사랑입니다. 우리는 주님의 사랑을 기억하며 베드로에게 명했던 믿음의 자녀들을 돌보는 일에 힘을 써야 할 것입니다.

말씀 읽기 행 1:8

생각 나누기

01 예수님이 제자들을 찾아가신 이유는 무엇이었을까요? 예수님은 왜 제자들에게 많은 물고기를 낚게 하시고 그들을 위해 손수 조반을 준비해 주셨을까요?

<u>02</u>　왜 베드로는 예수님의 아가페 사랑의 질문에 필리아 사랑으로 대답했을까요?

<u>03</u>　예수님이 우리를 있는 그대로 받아 주신다는 사실이 주는 위로는 무엇일까요? 우리가 실천해야 할 사랑은 무엇일까요?

chapter 47

사랑과 전도

성 경 / 눅 5:10-11(p.96)

찬 송 / 595(통372), 302(통408)

마음 열기

일제 시대 말이었습니다. 신사참배를 거부하다가 옥에 갇힌 주기철 목사님은 조선 총독부의 끈질긴 강요에도 불구하고 신앙을 지키셨습니다. 총독부는 시범 케이스로 주 목사님을 죽이기로 작정하고 판사에게 사형을 내리도록 하였습니다.

양심에 가책을 느낀 그 일본인 판사는 주 목사님께 "목사님, 한 번만이라도 신사참배를 하시면 살 수 있습니다."라고 말하였습니다. 그러나 주 목사님은 끝까지 거부했습니다. 결국 주 목사님은 순교하셨고, 일본인 판사는 사표를 내고 일본으로 귀국하였습니다.

그는 주 목사님의 인격과 신앙에 감동을 받아 기독교인이 되었고, 변호사 개업을 하였습니다. 주기철 목사님은 순교로써 한국의 기독교를 지키셨고, 순교를 통해서 일본인 판사를 전도하셨던 것입니다.

1. 예수님은 사랑으로 전도하셨습니다.

예수님은 베드로를 전도하셨습니다. 40일 금식기도 후, 예수님은 요단강가에서 세례 요한을 두 번째로 만나셨는데, 여기에서 안드레와 그의 형 베드로를 만나게 되었습니다. 그 후 북부 갈릴리 바닷가에서 예수님은 베드로를 두 번째로 만나셨습니다. 예수님은 그의 배를 선창가에 대도록 하신 후, 선상에서 뭍에 앉아 있는 무리를 향해 설교하셨습니다. 이것은 베드로에게 큰 은혜가 되었습니다. 가버나움 연안에는 많은 배가 있었지만, 주님은 베드로를 사랑하셨기에 그의 배를 이용하셨습니다.

> **말씀 읽기** 요 1:35-42

2. 예수님은 베드로를 끝까지 사랑하셨습니다.

선상 설교를 마치신 예수님은 베드로에게 배 이용료를 지불하는 대신에 그에게 많은 고기를 잡게 해 주어야겠다고 결정하시고 다음과 같이 말씀하셨습니다.

"깊은 데로 가서 그물을 내려 고기를 잡으라"(눅 5:4).

갈릴리 바다에서 잔뼈가 굵은 베드로는 바다의 속성을 너무 잘 알고 있었지만, 주님의 말씀에 순종하기로 하였습니다. "말씀에 의지하여 내가 그물을 내리리이다"(눅 5:5)라고 대답했습니다. 갈릴리 바다는 더운 기후 때문에 낮에는 수면 아래에 고기가 없고, 밤에만 수면 가까이 올라왔습니다. 그러하기에 갈릴리 바다에서는 밤이나 새벽에 고기를 잡고 낮에는 잡지 않았습니다. 하지만 베드로가 예수님 말씀에 순종하여 그물을 던졌습니다. 그러자 그물이 찢어질 정도로 고기가 잡혔고, 야고보와 요한의 배가 와서 도왔습니다. 이런 놀라운 경험 때문에 야고보와 요한도 주님의 제자가 되었습니다.

말씀 읽기 막 1:16-20

3. 우리도 제자들 같이 주님을 따라야 합니다.

잡힌 고기를 보고 놀란 베드로에게 예수님은 "이제 후로는 네가 사람을 취하리라"(눅 5:10)라고 말씀하셨습니다. 제자들은 모든 것을 버려두고 예수님을 따르기 시작했습니다. 그들은 물고기도 예수님의 말씀에 순종하는 것을 보고 예수님이 하나님의 독생자이심을 깨달았습니다. 제자들은 주님의 공생애의 동반자로 함께하게 되었습니다.

말씀 읽기 막 8:22

생각 나누기

01 우리가 복음을 듣고 주님을 믿게 된 모든 일이 주님의 은혜요, 사랑이었음을 믿으십니까?

02 우리가 예수님을 믿게 된 계기가 무엇이었는지, 예수님을 믿을 때 어떤 일이 있었는지 이야기를 나누어 봅시다.

03 우리에게 맡겨 주신 주님의 사명은 무엇인지 서로 나누어 봅시다.

chapter 48
사랑과 구역 부흥

성 경 / 막 11:25(p.74)
찬 송 / 524(통313), 563(통411)

마음 열기

일제 시대에 경상도 의성경찰서에서 있었던 일입니다. 어떤 목사님이 신사참배를 거부하다가 투옥돼 한 일본인 고등계 형사로부터 모진 고문을 받아 죽을 지경에 이르렀습니다. 그 일본 형사는 목사님을 자기 집에 데려다 놓고 자기 부인에게 간호하도록 하였습니다. 의식이 깬 목사님은 자기를 고문한 일본인 형사를 위해 주님께 간절히 기도하였습니다. 이 기도 소리를 밖에서 들은 일본 형사 부인은 감동을 받아 남편이 퇴근하자 그 사실을 말해 주었습니다. 일본 형사는 목사님께 가서 무릎을 꿇고 용서를 구하였습니다. 그러자 목사님은 "예수님은 당신을 사랑하십니다"라고 전도하였습니다. 일본 형사는 예수님을 영접하였고, 잔인하게 고문하는 고등계를 떠나 일반 경찰 업무로 전환하였습니다. 그리고 목사님을 석방시켜 집으로 돌아가도록 하였습니다. 그리스도의 사랑은 사람을 변화시킵니다. 아무리 악독한 사람이라 할지라도 주님의 권능은 능히 사람의 마음까지도 바꾸십니다. 우리는 오직 주님만을 바라보며 이 사랑을 전해야 할 것입니다.

1. 전도는 사랑의 실천입니다.

하나님의 속성은 사랑인 만큼 하나님은 인류를 위하여 독생자 예수 그리스도를 이 땅에 보내 주셨습니다. 이는 죄인을 용서하시기 위한 하나님의 사랑이었습니다.

한국에서 한 해 사망자 수는 2021년 기준으로 317,680명이라고 합니다. 이와 같은 통계를 생각한다면 전도가 시급한 일임을 알 수 있을 것입니다. 이들 중 복음을 듣지 못한 분들이 얼마나 많을까요? 하나님이 우리를 그리스도인으로 세우신 이유는 복음을 전하기 위함입니다. 우리는 사랑하는 마음으로 복음을 전해야 할 것입니다.

말씀 읽기　요 3:17

2. 전도자는 하나님의 용서를 전해야 합니다.

하나님의 사랑은 용서로 나타났으니 우리는 이 용서의 복음을 전해야 합니다. 우리는 이 용서를 먼저 실천해야 합니다.

성경은 "서서 기도할 때에 아무에게나 혐의가 있거든 용서하라 그리하여야 하늘에 계신 너희 아버지께서도 너희 허물을 사하여 주시리라"(막 11:25)고 말씀합니다.

이는 예수님이 가르쳐 주신 주기도문에 잘 나타나 있습니다. 사람은 언젠가는 죽기 마련이고 그다음에 천국과 지옥의 내세가 있습니다. 하나님은 사람들이 무서운 지옥에 들어가지 않기를 원하고 계십니다. 이 구원이 하나님의 용서와 예수님의 사랑으로 나타났습니다. 이것이 바로 복음입니다.

따라서 성경은 "아름답도다 좋은 소식을 전하는 자들의 발이여"(롬 10:15)라고 말씀했던 것입니다.

> **말씀 읽기** 마 6:12

3. 하나님 나라의 확장은 구역의 전도에 있습니다.

구역원 모두가 용서와 사랑의 마음으로 가득 차 있다면, 구역 부흥은 절로 이루어집니다. 하나님의 구원은 반드시 사람을 통해서 나타납니다. 따라서 우리는 구역 전도에 열심을 가져야 합니다. 인사가 만사라는 말이 있듯이, 하나님의 구원은 사람인 성도들의 입을 통해 전파됩니다. 이 모든 기초가 사랑에 있음을 알아야 합니다. 모든 사람을 용서하고 사랑하는 기독교의 실천은 뭇 영혼을 구원하는 지름길입니다. 전도에는 절대로 왕도가 없습니다. 사랑의 복음이 전도의 왕도입니다.

> **말씀 읽기** 마 20:28

생각 나누기

01 우리가 열심히 복음을 전해야 하는 이유는 무엇입니까?

02 우리가 용서를 실천해야 하는 이유는 무엇입니까?

03 우리는 하나님 나라를 확장하기 위해 무엇을 해야 합니까?

IX 절기

chapter 49　**고난주간과 부활절**

chapter 50　**맥추절**

chapter 51　**추수감사절**

chapter 52　**성탄절**

chapter 49
고난주간과 부활절

성 경 / 마 27:65-66(p.51)
찬 송 / 150(통135), 143(통141)

마음 열기

프랑스에 야심에 찬 영웅이 있었습니다. 그는 기독교를 추종하는 이들이 전 세계적으로 수십 억 명이 되는 것을 알고 놀랐습니다. 그래서 예수님처럼 종교를 하나 만들어 보고 싶었습니다. 그래서 한 성직자를 찾아가서 말하였습니다.
"나도 예수님처럼 종교를 하나 만들고 싶습니다. 역사상 가장 위대한 종교를 만들 수 있는 비결을 가르쳐 주십시오."
그 성직자는 정중하게 대답하였습니다.
"한 가지 좋은 방법이 있습니다. 많은 사람 앞에서 직접 십자가에 못 박혀 죽으십시오. 그리고 3일 만에 살아나십시오. 그러면 기독교와 같은 위대한 종교를 만들 수 있을 것입니다."
이 말을 듣고 그는 새로운 종교 만들기를 포기하고 집으로 돌아가 버리고 말았습니다. 그렇습니다. 기독교의 핵심은 부활입니다.

죽은 지 나흘 된 나사로를 살린 사건 이후로 예수님을 죽이고자 하는 음모가 더욱 확실해 졌습니다. 안 그래도 예수님의 인기가 치솟자 시기가 난 유대 지도자들은 나사로가 다시 살아난 사건 때문에 더욱 당황하게 되었습니다. 때는 유월절이 점점 가까워지고 있었으므로 많은 순례객이 예루살렘으로 모여들고 있었습니다. 보통 때의 예루살렘의 상주 인구는 약 삼십만 명이며, 유월절 같은 대명절에는 그 열 배인 약 삼백만 명의 순례객들이 모여들곤 하였습니다. 만일 그 많은 순례객이 나사로의 사건을 알게 된 후, 자기 나라로 돌아가서 이 사실을 알리게 되면 기독교의 소문이 전 세계에 퍼지게 되고 상대적으로 유대교는 위축될 것이라고 판단했습니다.

1. 유대 지도자들은 빌라도를 이용했습니다.

그 당시 유대는 사형집행권이 없었습니다. 오직 로마 총독에게 있었습니다. 따라서 유대 지도자들은 빌라도를 이용해서 예수님을 죽이기로 모의하였습니다. 그들은 예수님을 죽이는 데 하나님의 율법과 자기의 양심을 내버렸습니다. 빌라도의 근무처는 유대의 서해안인 지중해 연안의 가이사랴 항구였지만 유대의 명절에는 축하해 주기 위해서 예루살렘으로 올라와서 지내곤 하였습니다. 이때도 유월절이었으므로 빌라도는 수도 예루살렘에 상경하여 성전 바로 옆에 있는 안토니오 성채에서 기거하고 있었습니다.

말씀 읽기 ▶ 눅 22:2

2. 빌라도의 재판은 불법이었습니다.

유대 지도자들은 빌라도를 깨워 예수님을 재판해 달라고 요청했습니다. 이들은 예수님을 죽이고자 하는 목적으로 직접 찾아가 재판을 요청하였던 것입니다. 로마 제국 내의 모든 재판은 해 뜰 때부터 해 질 때까지였습니다. 만일 이 시간을 어긴다면 불법이 되었습니다. 그런데 유대교 지도자들은 빌라도에게 야간재판을 요구했던 것입니다. 사실 빌라도는 예수님께 어떤 죄도 찾을 수가 없었습니다. 그러나 유대교 지도자들의 마음을 사고, 식민지를 안정시키기 위해 사형 언도를 내리고 말았습니다. 그래서 예수님은 십자가의 길을 가시게 되었습니다. 예수님이 십자가에 못 박히실 때는 이미 제삼시-오전 9시-였습니다.

말씀 읽기 눅 23:22

3. 예수님은 부활하셨습니다.

예수님의 사후, 유대 지도자들은 예수님의 부활의 예언을 막기 위해서 빌라도에게 예수님의 무덤을 지켜 달라고 요구하였습니다. 빌라도는 그들의 부탁대로 군사를 보내 주님의 무덤을 3일간 지켜 주기로 하였습니다. 그러나 예수님의 부활을 그 누구도 막을 수가 없었습니다. 하나님의 권능은 로마군의 무덤의 인봉도 물리쳐 버렸습니다. 예수님은 사망 권세를 이기고 돌아가신 지 사흘 만에 부활하셨습니다. 예수님의 부활은 하나님의 사랑의 은혜였습니다. 우리는 예수님도 고난을 겪으신 후에 부활의 영광이 있었다는 것을 마음에 두어야 합니다.

말씀 읽기 요 20:16

생각 나누기

01 유대 지도자들은 왜 예수님을 죽이고자 하였을까요?

02 빌라도의 재판이 불법인 이유는 무엇입니까?

03 예수님의 십자가 고난이 우리에게 은혜가 되는 이유는 무엇입니까?

chapter 50
맥추절

성 경 / 수 5:11-12(구약 p.326)

찬 송 / 496(통260), 589(통308)

마음 열기

　미시간 호수에 배 한 척이 침몰한 사건이 있었습니다. 그때 노스웨스트 대학의 학생 한 명이 물에 뛰어 들어가 물에 빠져 죽게 된 사람 23명을 구출해 주었습니다. 수십 년 후에 토레이 목사님이 설교하면서 그 청년의 용기를 칭찬했습니다. 그런데 마침 그 예배에 바로 그때 그 청년이 백발 노인이 되어 그 설교를 듣게 되었습니다. 목사님은 그분을 발견하고 깜짝 놀라서 물었습니다.

"그 사건을 통해 가장 인상에 남은 일은 무엇이었습니까?"

그러자 그 노인은 대답했습니다.

"단 한 사람도 고맙단 말을 한 일이 없었던 것입니다."

우리는 감사를 잊어서는 안 됩니다. 우리를 구원하시고 우리의 삶을 세밀히 돌보시는 하나님께 날마다 감사를 전해야 합니다.

1. 새로운 시작을 의미하는 날입니다.

사십 년 동안 광야에서 방황할 때 이스라엘 백성들은 하나님이 주시는 신령한 양식 만나를 먹었습니다. 이스라엘 백성들이 가나안 땅 앞에 이르러 여호수아가 새롭게 지도자로 세워지고 전쟁이 시작되었습니다. 이들이 요단강을 건너 드디어 가나안 땅에 이르게 되었을 때 곡식이 익어갈 무렵이 되었습니다. 하나님은 이스라엘 백성을 가나안 땅에 보낼 때 추수 시즌에 맞춰 보내셨던 것입니다. 이들이 가나안의 곡식을 먹으면서 하늘의 신령한 양식인 만나와 메추라기의 공급이 끊기게 되었습니다.

말씀 읽기 수 3:15

2. 하나님께서 주신 축복을 깨닫게 하는 날입니다.

이스라엘 백성들은 가나안 땅에 들어가면서 땅에 뿌리를 내리고 경작된 곡식을 먹었습니다. 그들은 곡식을 볶아서 먹었고, 여리고 평지에서 나오는 생수를 마셨습니다.

이스라엘 백성들은 40년을 시내 광야에서 보내면서 굶주리지 아니했고, 목마르지 아니하였으며, 옷과 신발이 닳아지지 아니하였습니다. 이 모든 것이 다 하나님의 섭리였습니다. 하나님은 이들에게 먼저 소산물을 먹여 가나안의 식물이 입에 맞도록 하셨습니다. 이것도 일종의 훈련이었습니다. 그들은 자기 손으로 수고하지 아니한 곡식과 밭을 얻을 수 있었습니다.

말씀 읽기 ▶ 수 1:11

3. 하나님께 감사드리는 날입니다.

하나님은 애굽에서 이스라엘 백성들을 구원하셨고 가나안으로 인도하셨습니다. 이것만으로도 하나님께 감사드릴 일이 많겠지만 하나님은 밭에 뿌려 첫 열매를 거둠을 기뻐할 수 있도록 감사절기를 만드셨습니다. 이것은 과거에 받은 은혜를 잊지 않게 하며 현재 받고 있는 은혜를 잊지 않게 하는 데도 목적이 있습니다.

모세는 "네가 먹어서 배불리고 아름다운 집을 짓고 거하게 되며 또 네 우양이 번성하며 네 은금이 증식되며 네 소유가 다 풍부하게 될 때에 두렵건대 네 마음이 교만하여 네 하나님 여호와를 잊어버릴까 하노라 여호와는 너를 애굽 땅 종 되었던 집에서 이끌어 내시고"(신 8:12-14)라고 하였습니다.

이 말씀은 이스라엘 백성들이 가나안에 들어가 하나님이 약속하신 복을 받아 풍족하게 되어졌을 때 교만에 빠져 하나님의 은혜를 잊어버리게 되는 일을 사전에 방지하기 위해 주신 말씀입니다. 우리는 언제든지 하나님을 향한 감사를 잊어서는 안 됩니다.

말씀 읽기 ▶ 출 23:16

생각 나누기

01 맥추절의 의미하는 바는 무엇입니까?

02 지금까지 하나님께 받은 축복이 무엇이 있는지 돌아보고 서로 나누어 봅시다.

03 우리가 하나님께 무엇으로 감사드릴 수 있는지 이야기를 나누어 봅시다.

chapter 51
추수감사절

성 경 / 출 34:23(구약 p.136)
찬 송 / 515(통256), 588(통307)

> **마음 열기**

실락원의 작가 밀턴은 두 눈의 시력을 잃게 된 후에 불후의 명작을 집필하였습니다. 그는 시력을 잃게 되었을 때 이렇게 감사를 드렸습니다.
"육의 눈은 어두워 보지 못하지만, 그 대신 영의 눈을 뜨게 되었으니 감사합니다."
밀턴은 고난의 상황에서도 감사 거리를 찾아 하나님께 감사를 드렸던 것입니다. 그는 비록 앞을 보지 못하게 되었지만 자신이 눈을 뜨고 있을 때보다 더 풍성한 영감을 얻게 되었음을 깨달았습니다. 그는 하나님께 진정한 감사를 드리는 가운데 실락원과 같은 위대한 작품을 쓸 수 있었습니다.
오늘도 하나님은 감사드리는 자를 찾고 있습니다. 우리가 우리 삶 가운데 하나님께서 주신 진정한 은총을 찾아 감사드릴 때 하나님은 우리에게 더 많은 축복을 주시게 될 것입니다.

1. 추수감사절은 하나님의 은혜에 감사드리는 절기입니다.

추수감사절은 하나님께서 모세에게 명령하신 절기입니다. 성경은 "수장절을 지키라 이는 네가 수고하여 이룬 것을 연말에 밭에서부터 거두어 저장함이니라"(출 23:16)라고 했습니다. 수장절(추수감사절)은 이스라엘 백성이 지키던 삼대 절기 중 하나였습니다. 이스라엘 백성들은 하나님의 은혜로 추수하게 됨을 감사하며 유월절과 맥추절 그리고 수장절을 지켰습니다. 이는 이스라엘 백성들이 지키는 절대적인 규례로 영적인 이스라엘 백성된 기독교인들 역시 추수감사절을 지켜야 할 의무가 있습니다. 우리 역시 한 해 동안 하나님께 받은 은혜가 풍성하기 때문입니다. 추수감사절의 역사적인 유래도 있습니다. 영국에서 미국으로 건너간 청교도들이 수많은 역경과 고생을 겪고 1623년에 비로소 훌륭한 추수를 거두게 된 것을 감사하고 이를 기념하게 된 것이 추수감사절의 시작으로 삼습니다. 이는 아브라함 링컨을 거쳐 1939년 루즈벨트 대통령이 정한 11월 세째 주를 추수감사절로 지키고 있습니다. 우리 기독교인들은 추수감사절뿐 아니라 매일 매일을 주님께 감사드려야 합니다.

말씀 읽기 출 23:16

2. 감사의 생활은 하나님의 명령입니다.

구약성경을 보면 감사에 대한 말씀이 많이 기록되어 있습니다. 이것은 이스라엘 백성들이 하나님 앞에 감사의 생활을 했다는 증거입니다. 이스라엘은 언약을 맺으시고 신실하게 지키시는 하나님께 감사하였으며 보호해 주시고 구원해 주시는 은혜에 감사드렸습니다. 신약성경도 우리가 하나님께 감사드려야 할 것을 강조하는 것을 볼 수 있습니다.

"항상 기뻐하라 쉬지 말고 기도하라 범사에 감사하라 이는 그리스도 안에서 너희를 향하신 하나님의 뜻이니라"(살전 5:16~18).

우리는 항상 감사하고 하나님께 영광을 돌리는 성도들이 되어야 합니다. 그럴 때 우리는 이 땅에 사는 동안 언제나 은혜와 기쁨이 넘치게 될 것입니다.

말씀 읽기 시 100:4

3. 감사는 하나님의 축복받는 그릇입니다.

우리는 "감사하라"는 하나님의 말씀에 순종할 뿐 아니라 허물과 죄로 죽었던 우리를 영원한 멸망에서 구원하신 은혜 때문에 쉬지 않고 기도하고 항상 기뻐하고 범사에 감사하는 생활을 해야 합니다. 우리는 고난 중에도, 평안 중에도 언제나 감사를 드려야 합니다. 하나님은 감사를 드리는 자에게 더 큰 은혜를 주시기 때문입니다. 우리는 감사를 드리는 중에도 언제나 그의 나라와 의를 구하는 것을 잊지 말아야 합니다. 우리가 감사드릴 때 더 큰 것으로 채워 주실 것이기 때문입니다.

"너희는 먼저 그의 나라와 그의 의를 구하라 그리하면 이 모든 것을 너희에게 더하시리라"(마 6:33)

말씀 읽기 시 50:23

생각 나누기

01 우리가 추수감사절을 맞이하여 하나님께 드려야 할 감사가 무엇인지 나누어 봅시다.

02 우리가 고난 가운데서도 감사드릴 수 있는 이유는 무엇입니까?

03 우리가 감사드리는 삶을 살 때 얻을 수 있는 큰 유익은 무엇입니까?

chapter 52

성탄절

성경 / 마 2:1-3(p.2)
찬송 / 109(통109), 108(통113)

> **마음 열기**

미국 어느 작은 마을에 윌리라는 아홉 살 소년이 있었습니다. 4학년에 해당되었지만 지적 능력이 다소 떨어져 2학년에 다니고 있었습니다.
그해 성탄절에 주일학교에서 성극을 하게 되었는데 윌리가 맡은 역은 여관집 주인이었습니다. 예배당에 많은 사람이 모였습니다. 연극이 시작되었습니다.
요셉과 마리아가 여관으로 다가와 문을 두드렸습니다. 이때 주인이 나와 방이 다 찼으니 다른 곳으로 가라고 했습니다. 그러나 요셉과 마리아는 간절히 사정했습니다.
"저희는 멀리에서 왔습니다. 아내가 곧 출산할 것 같습니다. 제발 좀 부탁드립니다."
그러자 여관 주인으로 분장한 윌리는 말을 잊은 채 마리아를 오래도록 쳐다보았습니다. 무대 뒤에 있던 선생님은 대사를 불러 주었습니다. 윌리는 정신을 차리고 대답했습니다.
"안돼요. 방이 없다니까요. 가세요.!"

결국 요셉과 마리아는 슬픈 얼굴로 돌아섰습니다.
바로 이때 들어가야 할 윌리가 요셉 가족을 걱정스러운 듯이 지켜보다가 갑자기 소리를 질렀습니다.
"요셉, 마리아! 가지 말아요. 마리아를 데리고 들어와요!"
물론 각본에 없는 대사였습니다.
"내 안방을 쓰세요. 내 방에 어서 들어가란 말이에요!"
교인들은 크게 감명을 받아 눈물을 글썽였습니다.

성탄절은 우리를 구원하기 위해 아기 예수가 이 땅에 온 것을 축하하는 날입니다. 우리가 예수 그리스도의 탄생을 축하하는 가장 바른 태도는 예배입니다. 성경은 성탄절을 맞이하여 예배를 드리기 위해 찾아온 사람들을 설명합니다.

예수님이 태어난 당일에 양을 치던 목자들이 찾아와 예배를 드렸지만 가장 격식을 갖춘 예배는 동방 박사의 예배라고 할 수 있습니다. 이들은 당시 바벨론 혹은 페르샤 지역에서 별을 연구하던 점성가들이었습니다.

그들은 별을 보고 유대인의 왕으로 나신 이가 있다는 것을 알고 그에게 경배하려고 예루살렘까지 찾아왔습니다. 그들은 아마 자기들이 살고 있던 곳의 유대인들을 통해 장차 유대인들과 온 인류를 구원하실 메시아 왕이 올 것이라는 말을 전해 들었던 것 같습니다. 그러다가 특별한 별을 보고 저 별이 유대인의 왕으로 나신 이의 별이라고 확신하여 그곳까지 찾아온 것입니다. 결국 아기 예수를 찾아서 만나고 예배를 드리고 갔습니다.

우리가 이들을 통해 배울 수 있는 진정한 예배의 모범은 무엇일까요?

1. 바른 지식에 근거한 예배를 드려야 합니다.

그들은 별을 통해 예수님이 왕인 것을 알았습니다. 곧 그들은 이 왕을 찾아 유대 땅으로의 험한 여정을 시작했습니다. 당시 가이사의 영에 따라 호적하러 베들레헴에 갔다가 구유에 누이신 아기 예수님을 아무도 그렇게 알지 못했던 그때, 그들은 유대 땅에 왕으로 나신 이가 있는 것을 알고 경배하러 왔습니다.

오늘 우리도 진정한 예배를 드리려면 예배의 대상에 대한 바른 지식을 가져야 합니다.

"하나님은 영이시니 예배하는 자가 영과 진리로 예배할지니라"(요 4:24).

우리는 하나님께 예배하러 나갈 때마다 영이신 하나님을 바로 알고 하나님에 대한 바른 지식, 진리를 가지고 예배를 드려야 할 것입니다.

| 말씀 읽기 | 요 4:24

2. 헌신을 배워야 합니다.

동방 박사들은 왕께 경배드리기 위해 많은 수고를 했습니다. 어림잡아 약 1,600Km나 되는 거리를 걸어서, 또한 나귀를 타고 왔습니다. 학자들은 한 40일 정도를 험한 길에서 고생했을 거라고 말합니다. 게다가 얼마나 많은 경비가 들었겠습니까? 또한 얼마나 위험한 일을 만났겠습니까?

예배를 드리기 위한 그들의 헌신을 우리는 본받아야 합니다. 우리도 왕으로 오신 아기 예수를 경배하기 위해서 이런 헌신이 있어야 합니다. 시간을 드리고, 물질도 드리며, 피곤하더라도 힘을 내야 합니다. 심지어 손해 볼 각오, 위험을 겪을 각오도 해야 합니다. 우리가 이렇게 헌신하며 주님께 나아올 때 주님은 우리의 예배를 기뻐받으실 것입니다.

말씀 읽기 대상 16:10-12

3. 예물을 드리는 마음을 배워야 합니다.

동방 박사들은 자기들의 보배합을 열어 황금과 유향과 몰약을 예물로 드려 경배했습니다. 당시 황금과 유향과 몰약은 값비싼 귀중품들이었습니다. 이는 왕과 같은 귀한 분들에게 합당한 예물입니다. 그들은 예배를 위해 자신의 귀한 것을 아낌없이 드렸던 것입니다. 우리도 예수님께, 또 하나님께 진정으로 예배를 드리고자 한다면 마음의 표현이 있어야 합니다. 감사하는 마음과 예물이 동반해야 할 것입니다.

말씀 읽기 롬 12:1

생각 나누기

01 우리는 성경에 근거한 바른 예배를 드리고 있습니까?

02 우리는 하나님께 예배드리기 위해 어떤 각오, 어떤 헌신을 가지고 있습니까? 주님께 예배드리기 위해 모든 것을 드릴 각오가 되어 있습니까?

03 우리는 마음을 다해 정성을 다해 하나님을 사랑하며 예배드리고 있습니까?

예수사랑 교재

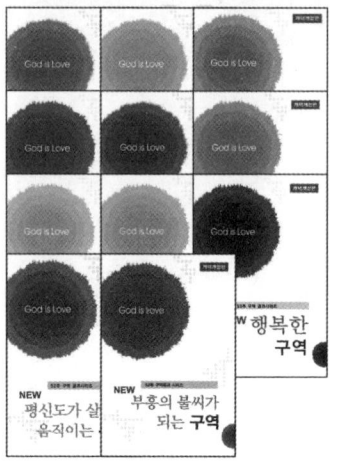

52주 구역공과 시리즈
NEW 행복한 구역
NEW 아름다운 구역
NEW 열매맺는 구역
NEW 전도하는 구역
NEW 은혜로운 구역
NEW 충성하는 구역
NEW 부흥하는 구역
NEW 교회를 세우는 구역
NEW 부흥의 불씨가 되는 구역
NEW 평신도가 살아서 움직이는 구역

자성구 구역공과 시리즈
자기주도적 성장하는 구역(상반기 26주)
자기주도적 성장하는 구역(하반기 26주)

52주 신바람 구역공과 시리즈
제자로 세우는 구역 1, 2, 3, 4

아름다운 믿음생활 시리즈

아름다운 믿음생활 1 (52주 구역공과)
부흥하는 믿음생활 2 (52주 구역공과)
전도하는 믿음생활 3 (52주 구역공과)

은혜출판사·추천도서

『전능자의 그늘』 저자가 전하는 크리스천 가정 이야기
크리스천 가정 세우기

엘리자베스 엘리엇 지음 | 신국변형 | 368면 | 값 15,000원

본서는 엘리자베스 엘리엇이 전하는 크리스천 가정 이야기로서 자신의 경험을 통해 자녀의 신앙 양육을 고민하게 한다. 저자의 아름다운 경건의 유산은 오늘을 사는 우리에게 감동을 주기에 부족함이 없다.

성경에 따른 마음 치유 시리즈 1
분노 조절하기

그레고리 L. 얀츠 지음 | 신국판 | 312면 | 값 15,000원

본서의 탁월한 점은 분노의 원인에 대해 이론적인 접근에서 멈추지 않고 '내가 무엇을 해야 하는가'까지 나아간다는 것이다. 본서는 우리에게 인생의 분노를 조절하고 극복할 수 있는 긍정적인 방법을 제공할 것이다.

성경에 따른 마음 치유 시리즈 2
분노와 상처 극복하기

드와이트 L. 칼슨 지음 | 신국변형 | 224면 | 값 13,000원

본서는 감정의 문제를 성경의 원리에 따라 현명하게 대처하며 유지할 수 있는 방법을 제시한다. 특히 저자의 상담 사례를 근거로 감정을 다스릴 수 있는 방법을 단계별로 익히고 연습할 수 있도록 돕는다.

아름다운 삶 시리즈 3
전도하는 믿음 생활

초판	2024년 10월 23일
지은이	전민수
펴낸이	장현덕
펴낸곳	도서출판 예수사랑 (Grace 은혜출판사)
주소	서울 종로구 종로65길 12-10
전화	(02) 744-4029 팩스 744-6578
출판등록	제 1-618호(1988. 1. 7)
값	9,800원

ⓒ 2023 Grace Publisher, Printed in Korea
 ISBN 978-89-7917-073-3 04230
 ISBN 978-89-7917-109-9 04230 (세트)

이 출판물은 저작권법에 의해 보호를 받는 저작물이므로 무단 전재와 무단 복제를 할 수 없습니다.